지금
당장
ESG

지금
당장
ESG

전 직원이 함께하는
ESG 실무 교과서

신지영 지음

천그루숲

머 | 리 | 말

ESG의 시대는 이미 왔습니다. 민첩한 조직에서는 벌써 ESG 업무를 담당할 실무팀을 꾸려 변화하는 외부환경에 대응하기 위한 노력이 한창입니다. 그런데 ESG 업무를 해보았던 경력자가 많지 않아 외부에서 영입하기보다 기존 직원을 담당자로 지정하는 사례가 많습니다. 하지만 ESG 업무는 그 개념이 광범위한 데다 깊이 또한 여느 직무보다 상당해 새롭게 담당자가 된 직원들은 어디서부터 어떻게 해 나가야 할지 너무 난감해 합니다.

사실 ESG 업무는 몇몇 전담 직원을 둔다고 해서 해결될 일이 아닙니다. 최고경영자부터 시작해 기업의 모든 임직원이 함께 변화에 참여해야 하는 커다란 미션이기 때문에 전담 직원만 지정해 두고 그들만 바라보아서는 안 됩니다.

ESG 강의 및 컨설팅을 하면서 만나는 실무자들이 모두 입모아 토로

하는 어려움은 벤치마킹할 만한 교과서가 있는 것도 아니고, 주변에 딱히 업무를 물어볼 데도 없어서 답답하다는 것이었습니다. 이런 환경을 누구보다 잘 알기에 ESG 실무를 담당했던 저의 경험을 통해 ESG 업무를 기획하고 실행하는 큰 시각과 노하우를 공유하고자 합니다.

ESG 경영은 '착한 기업'이 되기 위한 이미지 관리 차원의 활동이 아닙니다. 기업의 일하는 방식, 경영전략 방향, 국내는 물론 글로벌 시장에서 경쟁하기 위한 비즈니스의 필수요건을 갖추는 일입니다. 더 나아가 ESG 글로벌 가이드라인에 따라 기업의 경영수준을 고도화하는 과정입니다. 그렇기 때문에 우리는 급변하는 ESG 환경에 맞춰 기업의 수명을 연장하기 위한 방법으로 접근해야 합니다.

이 책에서는 ESG가 우리나라에서 급부상하고 있는 가운데, ESG가 왜 지금 우리에게 필요한가에 대한 궁극적인 목표를 다시 깨닫게 하고, ESG 경영을 통해 어떤 변화를 만들어 낼 수 있는지에 대해 큰 관점을 제시하고자 합니다.

Part 1에서는 ESG가 부상한 배경과 국제표준에 대한 내용을 중점적으로 설명합니다. ESG 경영을 도입하려고 노력하는 기업의 경우라면 ESG의 세분화된 내용을 정확히 파악할 수 있도록 해설이 필요합니다. 그래서 ESG 관련 국제표준에서 말하는 것이 무슨 의미인지 설명하고, 이어서 ESG 경영 수립에 대한 인사이트를 가질 수 있도록 했습니다.

Part 2에서는 ESG 경영 도입에 대한 소극적인 생각을 가지고 있는 조직들이 주목해야 하는 사안들을 다뤘습니다. ESG의 도입이 필요없다고 생각하는 기업의 경우, 그 인식 자체가 리스크가 될 수 있는 산업환경이 다가오고 있다는 사실을 확인할 수 있습니다.

Part 3에서는 ESG 경영을 도입하여 어느 정도 글로벌 수준에 도달한 기업에게 길을 제시하고자 했습니다. ESG 자체가 비즈니스 모델이 되어야 한다는 전문가들의 말은 들어보았지만, 구체적으로 그 업무를 어떻게 추진해야 하는지 감이 잡히지 않았을 것입니다. 그런 점에서 독자 여러분들의 기업에 ESG 경영의 가치를 도출할 수 있는 접근방법에 대해 설명했습니다. 여기에서는 ESG 담당자에서 ESG 사업기획자가 된 필자의 경험을 담은 예시를 확인할 수도 있습니다.

Part 4에서는 ESG 경영 도입에 대한 실무적인 방법을 두루 포함했습니다. 어느 정도 ESG 경영 업무에 대한 학습이 되어 있는 독자분들이 가장 궁금해하는 ESG 실무에 대해 설명합니다. 아주 큰 관점에서 ESG 경영 도입 업무를 설명하고 있으니, 한 번 보고 말 것이 아니라 업무를 하는 동안 언제든 다시 꺼내 읽으면 큰 도움이 될 것입니다.

마지막으로 Part 5에서는 ESG 경영에 대한 노하우가 탄탄한 대한민국이 만들어졌으면 하는 마음으로 우리나라만의 ESG 방향성에 대한 필자의 기획을 담아보았습니다. 한국만의 ESG 경영 경쟁력이 곧 국가 경쟁력을 갖출 수 있다는 점을 체계적으로 설명했습니다.

각 Part의 마지막에는 ESG 담당자들이 참고할 만한 저만의 실무팁을 담았습니다. 회사 내 ESG 경영시스템을 만들어 나가면서 가장 도움이 될 수 있는 팁이기 때문에 눈여겨봐 주시기 바랍니다.

이 책을 통해 저는 ESG 경영은 결국 기업을 균형 있게 오래도록 운영하며 성장시킬 수 있는 방법이고, 나아가 전 세계의 환경과 사회 변화에 기여할 수 있는 것임을 알리고자 합니다.

그리고 그 변화를 만드는 주체는 바로 세상의 모든 기업과 조직이라는 것을 함께 알아가기를 바랍니다.

신지영 드림

차 | 례

비즈니스의 필수조건이 된 ESG

ESG 비즈니스 모델링 및 경영체계 수립

당장 해결해야 할 ESG 리스크

우리만의 ESG는 어떤 모습이어야 할까?

Environment

Part 1

새로운 세상의 패러다임, ESG

Society

Governance

1장

ESG는 어쩌다
대세가 되었나?

환경E, 사회S, 지배구조G의 세상이 왔다

산업혁명 이후 수많은 변화와 위기 속에서도 각각의 국가와 지역, 기업들은 조금씩 차이는 있었지만 꾸준히 발전하며 성장해 왔다. 그러나 코로나 팬데믹을 통해 전 세계는 동시에 변화의 폭풍을 만났다.

팬데믹의 시기가 길어지자 각 국가마다 장기화된 위기에 맞서 해결책을 찾고 있다. 기업들 역시 유래 없는 실적 변화를 겪으며, 어떤 방식으로 돌파구를 찾아야 할지 몰라 여전히 우왕좌왕하고 있다.

이런 상황에서 기업들은 예전부터 있었으나 크게 관심을 두지 않았던 '지속가능성'을 해결책으로 꺼내 들었다. 그동안 지속가능성은 기업 경영의 '옵션' 정도로만 여겨지거나 기업의 이미지 향상을 위한 활동으로 축소되었지만, 이제는 전략적 경영의 관점에서 '지속가능성'을 기업의 핵심으로 재개편하려는 움직임이 일어나고 있다. 기업의 지속가능성

CSR
(기업의 사회적 책임)

지속가능경영

ESG

은 '기업의 사회적 책임' '지속가능경영'으로 확대되었고, 이제는 'ESG'에 더욱 집중하고 있다. 이에 대해 하나하나 살펴보도록 하자.

기업의 사회적 책임(CSR, Corporate Social Responsibility)

기업의 사회적 책임은 과거 발전만을 중시하며 경영활동의 영향성을 파악하는 데에는 소홀했던 기업에 대한 비판과 자성이 합쳐져 탄생했다. 그리고 기업활동이 결국 누군가에게 영향을 끼칠 수 있다는 점을 인지하기 시작한 후부터 더욱 각광받기 시작했다.

이러한 기업의 의지가 반영되며 CSR은 봉사활동, 기부금 출연 등 다양한 활동으로 나타나며 우리에게 친숙한 용어가 되었다. 하지만 봉사 등의 활동만이 부각되면서 CSR이 가진 원래 개념보다 축소되어 전달되는 한계를 보였다.

이후 시간이 흐르면서 CSR의 C(Corporate)를 뺀 좀 더 대중적인 사회적 책임(SR, Social Responsibility)으로 확장되었다. 즉, 기업뿐만 아니라 사회의 모든 조직과 개인까지도 추구해야 할 포괄적인 가치라는 점이 반영된 것이다.

지속가능경영(CSM, Corporate Sustainability Management)

지속가능경영은 재무적 관점에서 '경제성과'를 창출하는 동시에, 비재무적 관점에서 '사회'와 '환경' 측면을 균형있게 고려해야 한다는 3가지 요소를 강조하는 경영전략이다. 다시 말해 기업이 사업을 추진하는 과정에서 발생하는 사회·환경적으로 영향을 끼치는 요인과 그 배경에 대해 이해하고, 부정적 영향은 최소화하며 동시에 긍정적 영향은 극대화하는 전략을 말한다.

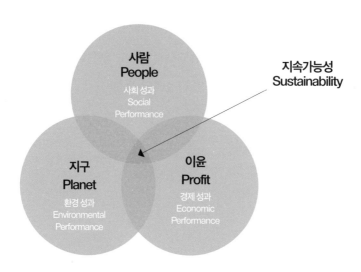

| 지속가능경영의 경제, 사회, 환경을 주축으로 설명하는 Triple bottom line |

지속가능경영은 그 범위가 상당히 넓은데, 이는 우리가 지난 몇 년간 한 번쯤은 들어봤던 용어인 투명경영, 윤리경영, 준법경영 등의 개념을 포괄하기 때문이다. 또 지속가능경영은 앞에서 살펴본 CSR과 같은 의미로 통용되기도 한다. 하지만 엄격히 따지면 CSR은 사회적 책임이란 개념을 말하고, 지속가능경영은 그것을 경영전략에 반영한 것이다. 그래서 지속가능경영을 경영전략으로 채택한 기업은 1년 동안 수행한 결과를 '지속가능경영보고서'로 정리하여 이해관계자에게 보고하는 등 기업의 커뮤니케이션 측면에서 중요하게 다뤄지고 있다.

ESG(Environment, Society, Governance)

ESG는 기업경영의 중심을 이윤이 아닌 환경(Environment), 사회(Society), 지배구조(Governance)의 관점에서 강조하는 개념이다. 원래 ESG는 투자 측면에서 발전된 개념으로, 어떤 회사에 투자할 만한 가치가 있는지 판단하기 위한 지표로 사용되어 왔다.

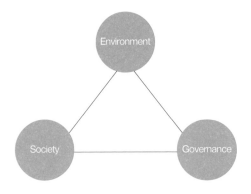

ESG 경영에서는 기업의 사회·환경적 가치를 경영전략에 반영하는 동시에 기업의 중대한 의사결정이 어떻게 이루어졌는지 그 과정을 이해관계자가 알 수 있도록 정보를 공개하는 것이 중요하다. 주로 데이터를 통해 기업의 성장성과 가능성을 보고하는 투자 관점이 ESG에도 적용된다.

특히 지표를 중심으로 수치화된 데이터는 투자를 고려하는 기업이 ESG 측면에서 매년 얼마나 좋아지고 있는가를 볼 수 있는 직관적인 기준이 된다. 따라서 ESG 데이터가 해마다 좋아지고 있다는 사실을 통해 해당 회사가 ESG 리스크가 크게 부각될 것이 없거나 미미하다고 판단할 수 있기 때문에 더욱 매력적인 투자처로 인식된다.

국제표준이 정해진 ESG

경영전략은 오래전부터 세계적인 석학과 많은 전문가들을 통해 수립 방법이 마련되어 왔다. 마찬가지로 ESG도 거시적인 추진방법(프레임워크)이 마련되어 있고, 이를 수행하기 위한 국제표준과 가이드라인이 제정되어 있다.

ESG는 시기에 따라 그 개념이 발전되고 세분화되는 과정을 거치고 있는데, 타임라인에 따라 정리해 보면 다음과 같은 흐름으로 구분된다. 그럼, 시간의 흐름에 따라 각각의 국제표준이 발생하게 된 계기와 주요 내용을 살펴보도록 하자.

1987	1989	1992	2000	2006	2010	2015	2017
브룬트란 보고서	발데즈 원칙	리우 환경선언	UNGC 10대 원칙 GRI 가이드라인	ESG	ISO26000	파리기후 변화협약	TCFD 권고안

브룬트란 보고서(1987)

1987년 유엔환경계획(UNEP)에서 '지속가능성'에 대한 논의가 시작되었고, 그 내용이 브룬트란 보고서(Our common future, 우리 공동의 미래)에 담겼다. 보고서에 따르면 '지속가능성은 미래 세대의 필요를 충족시킬 능력을 손상시키지 않으면서 현재 세대의 필요를 충족시키는 것'이라고 정의한다.

발데즈 원칙(1989)

1989년 미국 알래스카에서 엑슨 발데즈 호의 원유 유출 사고가 있었다. 이를 계기로 미국의 환경단체 세리즈(Ceres)가 기업이 환경과 사회에 끼치는 영향을 스스로 파악하고, 이를 공개 및 관리하며, 나아가 개선하기 위해 노력해야 한다는 내용을 담은 발데즈 원칙을 발표했다.

리우 환경선언(1992)

1992년 브라질 리우에서 개최된 유엔환경개발회의(UNCED)에서는 178개국 정상들이 모여 지속가능발전을 논의했다. 회의에서는 개발에 치중되어 온 지난 날을 반성하고 환경을 고려하자는 '리우 선언', 즉 3대 환경협약이 발표되었다. 3대 환경협약은 기후변화협약(CO_2 등 온실가스 감축), 생물다양성협약(생태계 보존), 사막화방지협약(사막화 방지, 물 문제 해결)을 말한다. 이 협약은 이후 교토의정서(1997), 파리기후변화협약(2015)으로 아젠다가 이어졌다.

UNGC 10대 원칙(2000)

UN 글로벌 콤팩트(UN Global Compact)는 코피 아난 전 UN 사무총장
이 주도하여 출범한 기업의 사회적 책임(CSR)에 관한 국제협약이다. 친
인권·친환경·노동차별반대·반(反)부패 등 4대 분야, 10대 원칙을 준수
하자는 내용이다.

4대 분야	10대 원칙
인권 (Human Rights)	1) 기업은 국제적으로 선언된 인권 보호를 지지하고 존중해야 하고, 2) 기업은 인권 침해에 연루되지 않도록 적극 노력한다.
노동 (Labour)	3) 기업은 결사의 자유와 단체교섭권의 실질적인 인정을 지지하고, 4) 모든 형태의 강제노동을 배제하며, 5) 아동노동을 효율적으로 철폐하고, 6) 고용 및 업무에서 차별을 철폐한다.
환경 (Environment)	7) 기업은 환경문제에 대한 예방적 접근을 지지하고, 8) 환경적 책임을 증진하는 조치를 수행하며, 9) 환경친화적 기술의 개발과 확산을 촉진한다.
반부패 (Anti-corruption)	10) 기업은 부당취득 및 뇌물 등을 포함하는 모든 형태의 부패에 반대한다.

GRI 가이드라인(2000)

1997년 UNEP와 미국 환경단체 세리즈(Ceres)는 기업의 경제·사
회·환경 관련 활동의 가이드라인을 제시하는 비영리기구 GRI(Global
Reporting Initiative)를 설립했다. 2000년 발표된 GRI 가이드라인(G1)은
최초의 지속가능성 보고를 위한 글로벌 프레임워크이다. 2016년에는
글로벌 지속가능성 보고표준인 'GRI 스탠다드'를 제시했다.

전 세계 15,000개 조직에서 GRI 가이드라인에 따라 지속가능경영의 성과를 보고서로 발간하고 있으며, 특히 〈포춘(Fortune)〉이 선정한 250대 기업의 95%가 지속가능경영보고서를 발간하고 있다.

ESG(2006)

ESG라는 용어는 2004년 UN 글로벌 콤팩트(UN GC)에서 발표한 보고서에서 처음 등장했다. UN은 기업의 책임있는 경영을 위해 ESG에 대한 체계적인 대응이 필수적이라고 설명했다.

2006년에는 UN 책임투자원칙(UN PRI)에서 ESG를 구성하는 세부적인 요소가 제시되었다.

UN 책임투자원칙(2006)

UN 책임투자원칙(UN PRI, UN Principles for Responsible Investment)은 투자자가 기업의 사회·환경·지배구조를 투자결정 요인으로 반영하도록 하고, 기업이 관련 정보를 공개하도록 요구하자는 이니셔티브이다.

전 세계 연기금과 기관투자자는 이 원칙에 따라 기업의 지속가능성을 투자에 활용하기 시작했는데, 미국 캘리포니아주 공무원연금(CalPERS), 골드만삭스자산운용 등 전 세계 1,200여 개의 주요 연기금과 자산운용사가 참여하고 있고, 우리나라에서는 국민연금과 사학연금 등이 참여하고 있다. 이들은 재무적 측면에서 얼마나 많은 돈을 벌었는지 뿐만 아니라 그외 요인을 잘 관리하면서 오래도록 기업을 유지할 수 있는지를 따

져본다. 이를 계기로 투자자들은 장기적 관점으로 투자하는 변화가 확대
되었다.

(출처 : UN PRI 홈페이지)

사회적 책임에 대한 국제표준 ISO26000(2010)

국제표준화기구(ISO)는 기업의 사회적 책임에 대해 실행지침과 권고
사항을 ISO26000으로 정했다. 기업의 지배구조, 인권, 노동관행, 환경,
공정거래, 소비자 이슈, 지역사회 참여 등 7가지 영역으로 세분화된 목
표를 달성하기 위해 전 세계 국가, 시민, 기업, 단체가 노력하도록 제정
된 표준이다. ISO에서 정한 국제표준은 대부분 인증절차를 거쳐 인증서
를 발급받지만, ISO26000은 모두 함께하는 노력에 대한 가이드라인이
기 때문에 인증을 해주거나 받지 않는다.

실행지침	권고사항
1. 지배구조	법규 준수, 책임 제고, 투명성 확보, 윤리적 행동 증진, 이해관계자 중시 등
2. 인권	시민권과 정치적 권리 존중, 사회·경제·문화적 권리 존중, 취약집단 존중, 노동기본권 존중 등
3. 노동관행	고용, 근로조건 증진, 사회적 대화, 산업안전 및 보건 등
4. 환경	오염방지, 녹색자원 사용, 기후변화 대응, 자연보호와 회복 등
5. 공정거래	반부패, 공정경쟁, 재산권의 존중 등
6. 소비자 이슈	공정한 영업·정보제공·계약, 소비자건강과 안전보호, 분쟁해결, 소비자 정보보호, 필수적인 생산품과 서비스 기회보장 등
7. 지역사회 참여	지역사회 참여, 경제발전 기여, 사회발전 기여 등

(ISO26000 7대 이슈에서 재구성)

파리기후변화협약(2015)

파리기후변화협약(Paris Climate Agreement)은 지구온난화를 막기 위해 전 세계 각국이 온실가스를 줄이자는 약속을 한 협정으로, 기후변화에 대한 최초의 국제사회 공동 움직임이다. 2016년 11월부터 포괄적인 국제법으로 효력이 생겼다.

파리기후변화협약은 지구 평균온도 상승폭을 산업화 이전 대비 2℃ 이하로 유지하고, 온도 상승폭을 1.5℃ 이하로 제한하기 위한 노력을 담고 있다. 200여 개 국가가 참여한 이 협정은 각 나라마다 온실가스 감축목표를 자발적으로 정하여 발표하고, 이행결과를 공동으로 검증하도록 하고 있다.

TCFD 협의체와 권고안(2017)

　TCFD(Task Force on Climate-related Financial Disclosures)는 G20 국가의 재무부장관 및 중앙은행 총재들이 설립한 금융안정위원회에서 파생된 기구이다. 기후와 관련한 정보 공개를 통해 이해관계자들이 기업의 기후변화 관련 리스크와 기회, 그리고 재무적 영향에 대한 이해를 높이기 위해 구성되었다. TCFD 권고안(TCFD Recommendation)에는 이해관계자들이 기후변화에 관련된 리스크와 기회, 권고안 및 지침, 시나리오 분석이 있다.

ESG의 진정한 의미

ESG와 관련해서는 전 세계적으로 수많은 국제기구, 국제표준, 평가지표 등이 있다. 이처럼 ESG와 관련된 정보들이 너무 다양하다 보니 ESG 국제표준을 읽어봐도 그 내용을 정확하게 판단하기 어렵다. 또 ESG 평가지표는 투자를 위해 개발된 만큼 어떤 곳에서 어떤 목적으로 평가지표를 개발했는지에 따라 많은 차이가 난다. 그래서 ESG 평가를 앞둔 경우, 어디에 초점을 맞추어야 할지 매우 어렵게 느껴질 수 있다.

ESG가 추구하는 궁극적인 목적

ESG와 관련된 다양한 국제표준과 평가지표들을 지속가능경영의 경제·사회·환경 3가지 기준으로 정리해 보았다. 이를 통해 ESG가 추구하는 궁극적인 목적을 살펴보자.

경 제			사 회			환 경		
지배구조	이익 확대 /분배	사회투자 (고용, SOC)	존중	준수	지원	사용	보존	폐기

1) 경제영역

경제영역은 지배구조의 건전성을 바탕으로 기업이 벌어들인 이익을 꾸준히 늘려가되, 그 사업이 성장하는 과정에 참여한 사람들에게 제대로 이익의 분배가 이루어져야 한다는 내용이 중심이다.

2) 사회영역

사회영역에서는 기업의 이해관계자가 누구인지 제대로 알아보고, 그들이 가진 권리를 존중하자는 가치를 강조한다. 또 이해관계자의 권리가 법적으로 보호받고 있는 경우, 법을 올바르게 지키며 동시에 이해관계자의 권리가 더욱 향상될 수 있도록 지원한다는 내용이 핵심이다.

3) 환경영역

환경영역에서는 기업이 생산과 서비스를 제공하는 과정에서 반드시 어느 정도의 환경을 빌려 쓸 수밖에 없는데, 환경을 사용하는 과정에서 친환경성을 고려하자는 의미이다. 환경을 이용하는 활동과 함께 환경을 보존하는 노력이 이루어져야 하고, 제품 등을 폐기할 때는 반드시 올바르게 버리도록 하자는 내용이 골자다.

이것이 ESG, 지속가능경영이 추구하는 궁극적인 목적이다. 이를 통해 우리는 환경에서 빌려 쓰는 모든 자원을 올바르게 이용하고, 서로 존중하는 세상을 만드는데 필요한 모든 노력이 기업활동을 영위하는데 있어 고려되어야 한다는 점을 잊지 말아야 한다.

이러한 내용이 세분화되어 평가지표로 만들어지고, 기업의 경영평가 또는 투자평가에서 적용할 수 있도록 시장의 변화가 이루어지고 있다. 이 모든 것들이 ESG라는 이름으로 우리 사회에 큰 영향을 끼치고 있는 것이다.

ESG의 정의에서 우리가 주목해야 할 포인트

이렇게 ESG가 추구하는 궁극적인 목적을 3가지 영역에서 확인해 보았으나, 우리는 다시 ESG 경영에 대한 정의로 돌아가 더 큰 관점을 살펴봐야 한다.

'ESG 경영은 경제·사회·환경 영역을 균형있게 고려하는 경영전략이다.'

ESG의 정의에서 우리가 주목해야 하는 포인트는 '경영전략'이라는 ESG 경영의 진정한 의미이다.

기업의 경영활동에서 방향성을 잡는 것은 경영기획의 영역이다. 그러나 ESG 경영을 도입한 기업들 중에는 경영기획과 기업의 지속가능성을 약간 별개로 생각해 운영한 경우가 많았다. 그래서 회사에 ESG 전담 조직이 새로 생긴 경우, 각 회사마다 조직 직제가 제각각이다. ESG 경영이 '경영전략'임을 일찍이 깨달은 경우라면 경영기획팀 등에서 담당하고 있을 것이고, '활동'의 개념이나 '기업 이미지'로 생각하는 경우라면 홍보팀 등 대외협력성을 가진 조직에서 담당하고 있을 가능성이 높다.

그리고 만약 업무의 성격에 따라 조직 구성을 하지 않은 경우라 할지라도, 기업의 운영방식에 ESG의 요소를 반영하기 위해서는 기업의 비즈니스 방향성 자체에 ESG가 도입되는, 말 그대로 '경영전략'이라는 점을 항상 기억해야 한다.

04

기업 속 모든 곳에 ESG

  기업은 의사결정을 하는 과정에서 이해관계자의 의견이 충분히 반영되고, 그에 따라 최선의 의사결정을 통해 경영이 이루어진다. 즉, 제품을 기획하는 과정에서 소비자가 원하는 니즈에 따라 사회·환경적 영향을 고려하게 되고, 그 반영된 결과가 생산으로 이어진다.

  생산과정이 시작되면 원료 조달에서도 사회·환경적 영향을 평가하여 적용한다. 예전에는 최저가격이나 납기를 우선하여 협력사를 선정하고 그를 통해 원료를 조달해 왔다면, ESG 경영체제에서는 협력사가 원료를 공급하는 전 과정에서 부정적인 이슈를 초래하지 않는지까지 평가하게 된다. 그리고 ESG와 관련된 각종 환경·노동 관련 법과 규정이 적합하게 반영된 생산과정을 거친 후, 폐기까지 고려한 친환경 포장재를 선정한다. 또 운송과정에서 발생하는 대기오염을 최소화할 방안을 마련하거

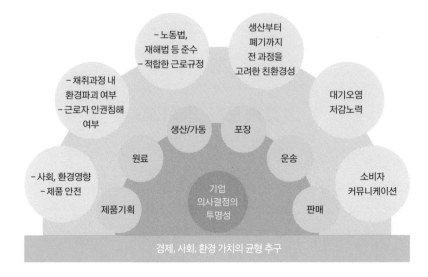

- 노동법, 재해법 등 준수
- 적합한 근로규정

생산부터 폐기까지 전 과정을 고려한 친환경성

- 채취과정 내 환경파괴 여부
- 근로자 인권침해 여부

대기오염 저감노력

생산/가동

포장

원료

운송

- 사회, 환경영향
- 제품 안전

기업 의사결정의 투명성

소비자 커뮤니케이션

제품기획

판매

경제, 사회, 환경 가치의 균형 추구

나 환경영향을 우선적으로 고려하는 운송업체를 이용한다.

그리고 제품이 완성되면 소비자가 올바른 선택을 할 수 있도록 소비자에게 충분하고 완전한 정보를 전달하고, 구매 이후에도 회사와 커뮤니케이션을 할 수 있도록 채널을 구축한다.

이러한 모든 과정이 ESG를 고려한 비즈니스의 구성체계가 되는데, 이 과정을 설명하는 개념이 바로 '전과정 평가'라고 불리는 LCA(Life Cycle Assessment)다.

LCA는 제품이나 서비스가 기업에서 생산되어 사용되고 폐기되기까지 전체 과정에서 발생하는 환경 및 사회 영향이 어느 정도인지 평가하는 것을 말한다. 이 개념은 경영전략 측면에서 보면 회사의 전체 사이클이 이루어지는 가치사슬(Value Chain)*과 밀접한 연관이 있다. 그래서 LCA 작업을 하기 전에 회사의 가치사슬을 세세하게 파악하는 것이 좋다.

마케팅 관점에서 볼 때 고객이 제품을 사용하는 과정까지, 즉 '고객 경험'을 기반으로 고객이 어떤 가치를 느끼는지를 고려하게 되는데, ESG 관점에서는 LCA를 통해 사회·환경에 미치는 영향을 더 깊이 파악해 보는 것이다. 이렇게 사회·환경적 영향을 평가하게 되면 기업이 미처 몰랐던 리스크를 발견할 수 있다는 장점이 있다.

가치사슬(Value Chain)

미국 하버드대학의 마이클 포터 교수가 고안한 개념으로, 제품 생산의 제조공정을 세분화하여 가치를 창출하는 구조이다. 이때 직접적인 가치를 창출하는 구매, 제조, 물류, 판매, 서비스, 디자인, 마케팅, 영업 등을 본원적 활동(Primary Activities)이라고 한다. 그리고 본원적 활동을 가능하게 하는 지원활동(Support Activities)은 경영관리, 기획, 재무, 인적자원관리, 연구개발, 구매로 구성된다.

지원활동	하부구조	기획, 재무, 법무, 총무, MIS					
	기술개발	연구, 설계, 개발, 디자인					
	인적자원	직무관리, 보상관리, 평가관리, 조직관리					
	조달활동	구매, 관리, 가치평가					
본원적활동	기술획득	제품설계	제조	마케팅	물류/유통	서비스	이윤
	원천기술 기술고도화 지적재산권 생산공정	제품기능 특성 디자인 품질	원재료 조달 부품 조립	상품, 가격 광고, 홍보 프로모션 포장 배달	운송 보관 재고 채널 통합	보증제도 설치 수리	

05

ESG를 원하는 사람들

이해관계자

'이해관계자'라는 용어는 2002년에 처음으로 사용되었다. 이때 학자들이 내린 정의는 다음과 같다.

'조직에 관심이나 우려가 있는 사람, 그룹 또는 조직의 이해관계자는 조직의 행동, 목표 및 정책에 영향을 주거나 영향을 받을 수 있다.'[1]

일반적으로 이해관계자라고 하면 기업의 제품이나 서비스를 구매하는 고객을 떠올린다. 이에 따라 기업은 고객의 선택을 받기 위해 고객에 관한 모든 것을 분석하고, 그 결과를 반영해 좋은 품질의 제품이나 서비스를 만들어 낸다. 이처럼 아직도 많은 기업에서는 이해관계자를 고객이라고만 생각하는 경향이 있다. 하지만 ESG 경영을 도입하면서부터는 기업을 둘러싸고 있는 이해관계자의 범위가 넓어져야 한다.

이해관계자를 구분하는 기준은 SPICE 모델[2]로 설명할 수 있는데, 사회(Society), 협력사(Partners), 투자자(Investors), 고객(Customers), 직원(Employees)을 말한다. 여기에 환경(Environment)을 더해 'SPICEE'로 확장하기도 한다.

이해관계자는 이 여섯 가지 영역에서 기업의 특성에 따라 더해지거나 빠질 수 있다. 예를 들면 정부 및 관련 공공기관, 채권자, NGO 및 시민단체 등이다.

기업의 업종이 정부 규제에 영향을 받는다면 정부 및 관련 공공기관이 중요한 이해관계자가 되기 때문에 별도로 그들과 소통하고 관계를 맺어야 한다. 또 환경에 영향을 주는 사업이라면 NGO와 시민단체 등과 밀접한 관계를 맺어야 한다. 또 기업이 새로운 사업을 하려고 할 때 임

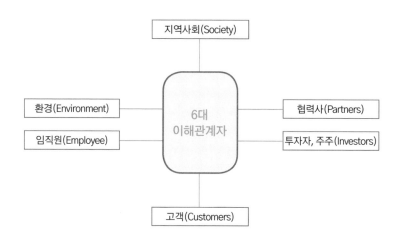

직원들에게 회사의 비전을 공유하고자 한다면 그 기업은 직원을 하나의 영향력을 갖는 이해관계자로 인식해야 한다.

이처럼 ESG 경영은 기업을 둘러싼 이해관계자들이 누구인지 인식하고, 경영전략에 그들의 의견을 반영해야 하는 것이다. 그들이 알고자 하는 정보를 사업추진 과정에서 충분히 알리는 활동도 물론 포함된다.

과거에는 이해관계자들이 사업에 따른 사회적 책임을 다하라고 기업에 먼저 요구했다. 그러나 ESG가 사업의 중요한 요소로 인식되고 있는 현재는 기업이 먼저 이해관계자의 중요성을 깨닫고 대화를 시도하고 있다. 기업이 먼저 ESG 경영을 하겠다고 이해관계자들에게 말을 걸며 적극적이고 능동적으로 기업의 사회적 책임을 커뮤니케이션 메시지로 삼고 있는 것이다.

이해관계자들의 요구

기업은 ESG 경영을 도입하기 위한 준비단계에서부터 이해관계자들의 니즈에 대해 자세하게 알아보아야 한다. 그럼, 이해관계자들이 조직에 원하는 것은 무엇인지 살펴보자.

1) 정부 및 관련 공공기관

정부, 국회 등 규제와 관련된 기관은 기업의 비즈니스와 관련된 법률, 정책, 제도 등을 만든다. 이 과정에서 정부는 기업과 협력하여 진행할 수 있는 민관협동과제 등을 요청하기도 한다. 또 정부는 기업이 사업을 하면서 얻은 이익에 대해 세금을 성실히 납부하기를 원한다.

2) 임직원

임직원은 기업이 계속 성장하고, 동시에 연봉과 복지가 향상되기를 바란다. 월급이 꾸준히 오르고, 일을 더 잘할 수 있도록 교육에도 신경 써주는 회사를 다니고 싶어한다.

3) 고객

고객은 기업이 더 좋은 제품과 서비스를 만들기를 원하고, 이미 구매를 한 경우라면 유지관리를 원활하게 제공하기를 원한다. 또 적절한 홍보, 마케팅으로 제품과 서비스에 대한 브랜드 충성도를 유지하거나 향상하기를 바란다.

4) 공급사(협력사)

공급사는 수직적인 구조 속에서 이루어지는 거래관계가 아니라 협력을 하는 관계라는 점에서 협력사라는 용어가 이제는 더 일반적으로 쓰이고 있다. 협력사는 발주를 더 늘려주기를 원하고, 이와 함께 원활한 대금 지급도 중요하게 생각한다.

5) 투자자

투자자는 기업의 성장성을 믿고 자금을 맡기는 사람이나 기관 등이다.

투자자는 그 기업이 사업을 잘 키워서 기업가치가 커지면 그에 따라 주식 가치도 커져 그만큼 배당금을 더 많이 받을 수 있다. 또는 주식을 처분할 때 주가가 전보다 훨씬 더 비싸지기를 바란다. 그래서 이해관계자 중 기업경영에 가장 관심이 많다.

6) 지역사회

지역사회는 그 기업의 사업장이 있는 곳을 말한다. 그래서 환경·사회적인 영향을 더 많이 받는다. 직원이 몇 명에 불과한 회사라도 근처 식당을 이용한다든지 생산과정에서 폐수를 버리지 않는다든지 등 그 지역에 다양한 영향을 끼친다.

7) 채권자

채권자는 돈을 빌려준 사람, 대출해 준 금융기관 등이다. 채권자는 대출금이 만기가 되기까지 매월 이자를 잘 받아야 하며, 만기가 되었을 때 원금을 제대로 받아야 한다.

8) NGO, 시민단체 등

NGO, 시민단체 등은 기업활동 과정에서 있을 수 있는 환경·사회 측면에서 부정적인 영향이 최소화하기를 원한다. 단체가 가진 관심사에 긍정적인 영향을 끼치면서 기업이 운영되기를 바란다.

이렇듯 이해관계자는 기업의 원활한 경영은 물론이고, 각자가 원하는 니즈가 반영되기를 바란다. 따라서 이들의 니즈를 잘 파악하고 관리하는 것이 ESG 경영의 기본이자 시작이다.

1. Post, James E., Preston, Lee E., Sauter-Sachs, Sybille, 2002
2. Rajendra S. Sisodia, David B. Wolfe, 〈Firms of Endearment〉, Pearson FT Press, 2007

2장

키워드로
살펴보는 ESG

환경(Environment) – 소비부터 폐기까지

모든 기업활동은 환경에 노출되어 있다. 특히 생산활동을 하다 보면 반드시 환경에 영향을 미칠 수밖에 없기 때문에 기업은 생태계의 부정적 영향을 최소화하거나 제거할 수 있도록 노력해야 할 의무가 있다.

환경경영은 기업이 자원과 에너지를 절약하며 효율적으로 이용하고, 온실가스 배출과 환경오염 발생을 최소화하는 일련의 활동을 말한다.

환경에 영향을 주는 요소들

제품을 만들기 위해 투입되는 원료, 가공과 생산을 할 때 필요한 전기와 열 에너지 등은 모두 환경에 영향을 주고받는 요소들이다. 따라서 환경(E) 측면에서는 같은 제품을 만들더라도 환경파괴를 일으키지 않거나 적은 영향을 미치는 것을 고려해야 한다. 특히 원료를 얻는 과정에서 미치는 환경영향은 크게 생활 환경영향, 환경오염, 환경훼손 등으로 구분된다.

생활 환경영향은 대기, 물, 폐기물, 소음이나 진동, 악취 등 일상생활과 관계된 영향성을 말하고, 환경오염은 대기오염, 수질오염, 토양오염, 해양오염, 방사능오염 등이 포함된다. 환경훼손은 야생 동물과 식물의 남획, 서식지 파괴, 생태계 교란, 생물다양성 감소, 자연경관 훼손 등이 있다.

일반적으로 환경영향은 제조업에만 해당한다고 생각하기 쉬운데, 비제조업의 경우라도 투입되는 환경자원은 반드시 존재한다. 예를 들어 일반 서비스업이라도 거래처 사람과 만나기 위해 이동을 할 때 자동차를 이용한다면 필연적으로 연료를 사용하게 되고, 고객에게 무언가를 설명할 때 사용하는 종이 등도 투입되는 환경자원이다. 또 사무작업만으로 일이 이루어지는 경우도 마찬가지다. 컴퓨터, 프린터 작업을 하기 위해서는 전기를 사용하게 되는데, 이런 전기 사용도 투입되는 환경자원이 된다.

온실가스

온실가스는 이산화탄소, 메탄, 아산화질소, 수소불화탄소, 과불화탄소, 육불화황 등 총 6가지로, 유엔기후변화협약(UNFCCC)과 교토의정서에서 정해졌다.

온실가스는 배출원에 따라 Scope 1~3으로 구분한다. Scope 1은 직접 온실가스 배출을 말한다. 사업장에서 직접 운영하는 보일러·운송수

단 등에서 발생한다. Scope 2는 간접 온실가스 배출로, 전기·열 등을 포함하는 제품이나 서비스, 공정 등을 구매하면서 발생한다. Scope 3도 간접적인 온실가스 배출을 의미하는데, 공급사로부터 원료를 구매하는 과정, 생산 및 운송 과정까지도 포함한다. 또 판매된 제품을 소비자가 사용할 때 발생하는 온실가스가 있다면 이 또한 기업의 가치사슬에서 발생한 것이므로 Scope 3에 연관된다고 할 수 있다.

기업활동을 하며 에너지 사용은 필연적이다. 따라서 기업은 온실가스 배출에 책임을 져야 하고, 저감방법을 강구해야 한다. 이에 석탄, 석유, 천연가스 등을 태양광·수력·풍력 등의 신재생에너지로 대체하여 사용하는 노력을 기울여야 한다.

환경관리

환경관리는 생산활동에서 사용하는 환경오염을 유발하는 각종 물질, 폐수 등을 관리하고 폐기하는 일련의 과정을 포함한다. 사업장이 위치한 지역과 주요 자원을 조달하는 지역에 대한 생물 다양성을 위한 노력도 중요한 환경관리 영역이다.

또 기업이 공급망을 구성하는 협력업체들에 대한 환경영향평가를 시

환경오염물질 관리	폐기물 관리	유해화학물질 관리
대기오염물질 관리	폐수 관리	화학물질 규제

행하고 있는지도 포함되며, 신규 협력사를 등록할 때 일정 수준의 환경 기준을 정하고 관리하는 기업을 우대하는지도 확인해야 한다. 공급사슬 내에서 부정적인 환경 이슈가 있는 기업에 대해서는 거래 중단 등의 조치를 진행해야 한다는 기준을 주요 내용으로 한다.

환경 커뮤니케이션

ESG 경영에서 필수적인 활동은 이해관계자 대상 커뮤니케이션이다. 구체적으로 기업이 경영활동을 하면서 사용한 에너지, 자원 등의 양과 그로 인해 발생된 온실가스가 어느 정도였는지 등의 정보를 공개하는 것이다. 그뿐만 아니라 전년 대비 환경영향 저감을 위해 어떠한 노력을 했는지도 이해관계자 대상 커뮤니케이션 활동에 포함된다.

특히 환경 커뮤니케이션 활동이 중요한 이유는 사업장이 위치한 주변 환경에 끼칠 영향에 대해 지역사회가 대비할 수 있도록 하기 위함이다. 사회와 환경은 유기적인 관계를 맺고 있기 때문에 기업의 생산활동이 지역사회에 영향을 미치는 것은 너무나도 당연하다. 이때 환경영향평가는 직접적인 원인이 되는 물질의 배출 등은 물론, 간접적으로 영향을 미칠 수 있는 모든 요인을 포함해야 한다.

그리고 이를 무시한 기업이 지역사회에 얼마나 큰 피해를 줄 수 있는지 전 직원을 대상으로 충분히 고지해야 한다. 이에 대해 예를 들어 살펴보자.

전북 익산시의 한 마을에서는 2009년부터 2010년에 주민들의 암 발병이 집중적으로 발생했다. 인근 비료공장에서 불법으로 방류한 폐수가 주요 원인으로 꼽히고 있다.

2020년에는 경기도 광역환경관리사업소가 시화·반월산단 내 시흥천, 신길천 주변의 금속가공업체 100여 곳을 대상으로 민관합동특별점검을 펼친 결과, 36개 사업장이 폐수 방류 위반업체로 적발되었다. 이 중에는 발암물질이 든 폐수를 수년간 지하 비밀배출구를 만들어 하천으로 버린 업체가 적발되기도 했다. 또 다른 업체는 구리가 포함된 폐수를 중간에 우수관으로 빼낼 수 있는 밸브를 불법으로 설치해 몇 년간 방류하고 있었다.

이처럼 아직도 많은 기업이 ESG, 특히 환경에 대한 영향을 과소평가하거나 잘못 알고 있고, 또 잘못된 것인 줄 알면서도 기업의 이익을 위해 인근 지역주민들을 죽음으로 몰고 있다. 아마 그들은 '폐수처리장에서 어떻게든 하겠지'라고 생각하고 있거나 '나 하나쯤이야'라는 생각에 이러한 일을 벌였을지도 모른다. 이러한 사례는 모든 기업이 ESG 경영을 도입해 상식이 통하는 사회를 만들어야 하는 이유가 된다.

| 환경영역 주요 평가지표 |

환경영역	평가지표
온실가스 배출	- 직접 에너지 사용량 (Scope 1) - 간접 에너지 사용량 (Scope 2)
폐기물 배출	- 폐기물 배출 총량 - 폐기물 배출 방법

생물 다양성	- 보호지역 및 생물 다양성 가치가 높은 지역에 대한 보호활동 - 제품과 서비스가 생물 다양성에 끼칠 수 있는 영향
공급망 환경평가	- 협력사 선정 및 거래 시 환경기준 적용 - 환경에 부정적 영향을 끼친 협력사에 대한 제재 조치
원료 사용	- 사용된 원료의 종류, 중량, 부피 - 재생된 원재료 사용량, 비율
에너지 사용	- 에너지 사용 집약도 - 물 사용 총량
환경법규 위반, 사고	- 환경법규 위반 및 환경 관련 사고 건수 - 사고에 대한 후속조치

사회(Society) – 조직의 영향력은 어디까지?

사회영역은 인권, 고용, 안전, 공정, 공급망 관리, 소비자 보호, 정보 보호, 사회공헌 등을 포함한다. 여기서 사회영역을 전반적으로 통합하는 가치는 인권이다. 고객, 근로자, 협력사 등 기업은 결국 사람과 사람이 함께 일을 하고 교류하면서 운영된다. 하지만 아직도 비인간적인 대우로 인해 신문의 사회면을 장식하는 일이 많이 발생하고 있다.

인권과 안전

조직에서는 모든 임직원들의 인권에 대한 인식을 높은 수준으로 유지·향상하기 위한 꾸준한 노력이 필요하다. 특히 우리나라 기업에서 인권에 대해 주목할 부분은 '갑질'이다.

우리는 뉴스를 통해 일명 '갑질 사건'을 꾸준히 접하고 있다. 그럼에도 아직까지 부하 직원에게 가해지는 각종 비인권적인 행위는 물론, 고객에게 올바르지 못한 언행을 하는 기업 관계자들이 반드시 있다. 이처럼 앞서 발생한 많은 사건을 통해 타산지석의 교훈을 얻지 못하고 인권 가치를 무시하는 사례가 계속 발생하고 있다. 이는 결국 조직 내에서 인권 영역이 지켜지지 않고 있음을 뜻한다.

안전에 대한 부분도 ESG 중 사회영역에서 중요하게 여겨지는 부분이다. 직원들이 안전한 환경에서 일할 수 있도록 회사가 조치해야 함은 물론이고, 특히 협력사 직원들이 현장에서 일하는 경우에도 충분한 수준의 안전을 보장해야 한다.

그러나 협력사 직원이 대기업 현장에서 죽음에 이르는 사고는 이제 단골 뉴스가 되었다. 생명과 연결되는 사고가 발생하면 흔히 '안전의 외주화'라는 말로 표현하곤 하는데, 사실 이는 생명의 경중을 따지는 반인권적인 생각에서부터 출발하는 것이다. 그래서 '안전의 외주화'라는 말은 결국 '인권의 외주화' 또는 '목숨값의 외주화'라고 말할 수 있기 때문에 돌고 돌아 안전도 인권의 문제로 귀결된다.

그래서 더는 이러한 일이 발생하지 않도록 갑과 을의 위치에 관계없이 모든 이들이 건강하고 안전한 환경에서 기업과 관계를 맺도록 하자는 것이 사회영역의 전반적인 내용이다.

윤리

사회영역은 기업문화와도 연관성이 깊다. 기업문화가 건전하지 않으면 사회영역의 전반적인 활동에서 낙제점을 받을 확률이 매우 높기 때문이다. 직원들에 대한 윤리의식이 떨어지는 CEO와 임원 등이 기업문화를 불편하게 만들고, 결국 기업 내부의 사건·사고가 외부에 알려지게 된다. 그래서 사회영역은 기업 내부의 고위 경영진부터 기본적인 윤리의식을 갖추고, 윤리경영으로 체계화되어 그에 대한 활동이 이해관계자들에게 널리 알려져야 한다.

이를 위해서는 임직원이 지켜야 할 윤리행동규범을 제정하고 공표했는지 여부가 중요하다. 또 임직원들이 회사의 윤리행동규범에 대해 주기적으로 상기할 수 있도록 하는 상시교육 실행 여부도 중요한 포인트이다.

근로자 존중

다양성에 대한 가치가 강조되면서 인종, 나이, 성별, 장애 여부 등에 따라 고용과 근무환경에 차별이 없는 직장을 만들기 위한 다양한 노력이 필요하다. 근로자를 보호하는 고용법과 근로 관련 제도를 준수하고, 자발적으로 일하기 좋은 기업을 만들기 위한 사내 정책이 마련되어 있는지 자세히 살펴봐야 한다.

공급망과 거래관행

시장에서 우위를 가진 기업이 거래대상 기업에 부당한 압력을 가하지 않도록 공정한 계약을 체결하고 이행해야 한다. 계약상 업무의 범위, 기간, 금액 등에 대해 현저한 수준의 법 위반이 발생하지 않도록 상법을 준수하는 거래관행을 만드는 일이 필요하다.

하도급 거래가 발생한다면 공정거래위원회가 공표한 표준하도급거래 계약서 등을 활용해 법 위반 리스크를 줄여야 한다. 이때 계약이행 과정에서 거래 상대방의 인권을 존중할 수 있도록 행동규범이 마련되어 있어야 한다.

또 협력사가 사회·환경적으로 중대한 부정적인 영향을 끼치지 않았는지 면밀하게 살펴보고, 계약을 통해 공급망의 건전성을 확보하는 노력도 필요하다.

소비자 보호

소비자가 기업이 만든 제품과 서비스를 선택하기 전에 충분한 설명과 정보를 제공받을 수 있어야 한다. 이 내용은 특히 B2C 기업에서 주목해야 하는 부분이다. 제품의 패키지나 설명서 등을 통해 제공할 수 있는 정보의 누락이나 불충분성을 따져보고 그 내용이 소비자로 하여금 제품 사용상의 안전성을 고려할 수 있을 만큼 정보를 제공했는지 판단해야 한다. 또 제품을 사용하는 중에 각종 사고가 일어나지 않도록 '제품안전' 측면에서 사전에 리스크를 예방하여 고객의 정신과 신체를 보호해야 한다.

뿐만 아니라 제품과 서비스를 이용하는 과정에서 고객의 개인정보가 유출되지 않도록 관리체계가 갖추어져 있어야 하고, 개인정보 보호를 위한 상시 운영제도 등이 갖추어져 있는 것도 필요하다.

지역사회 공헌

기업은 지역사회에서 다양한 활동을 추진하고 참여하도록 한다. 무엇보다 먼저 기업이 지역사회에서 함께 존재하는 구성원이라는 개념을 인식하는 것이 중요하다.

기업 이익의 일부를 지원해 지역사회 발전을 위해 다양한 프로그램을 마련하고, 임직원이 기부활동과 봉사활동에 참여하도록 인프라를 마련하고 독려한다. 또 기업이 지역사회에 영향을 미치는 주체 중 하나인 만큼 주요 지역사회 구성원과의 커뮤니케이션 채널을 마련하고 정기·비정기적으로 소통하는 노력이 필요하다.

| 사회영역 주요 평가지표 |

사회영역	평가지표
모든 이해관계자에게 공통적으로 적용되는 개념	인권 보장과 보호 및 침해방지
근로자 - 노동 관행	불법 노동 금지, 고용기회 확대(신규 고용근로자 및 이직 고용 근로자 현황), 고용과정의 공정, 안정적인 고용유지, 합리적인 성과평가, 적정급여, 노동기본권 보장, 단체협약, 건전한 노사관계, 교육(근로자 역량개발과 지원), 일과 삶의 균형, 육아휴직 보장
안전 및 보건	안전하고 건강한 근무환경 조성, 산업재해를 방지하기 위한 노력, 업무상 사망·부상·질병 건수 및 조치 내용
협력사 - 공정한 공급망 관리	안전한 업무환경 제공, 공정거래, 정당하지 않은 이유로 시장지배적 지위의 남용 금지, 대기업과 중소기업 간 격차 해소를 위한 노력(협력업체, 가맹점, 대리점 등 포함)

소비자 – 권익 보호 및 증진	소비자 권익 침해 방지, 윤리적 마케팅, 소비자 안전, 제품 및 서비스 안전, 소비자 안전에 대한 정보제공, 정보 보호, 소통창구 마련과 의견 반영, 효과적인 피해보상 대책 마련, 사회적 가치를 반영한 제품과 서비스 제공
지역사회 참여	지역사회 원주민 권리 침해 방지, 지역사회와 상생 및 상호발전, 지역사회 참여, 자원 투입, 사회적 책임 관련 프로그램 마련

03

지배구조(Governance) – 누가 건강한 조직을 만들까?

지배구조는 기업에서 중대한 결정을 내릴 때 작용하는 의사결정시스템을 말한다. 좁은 의미에서 보면 기업의 이해관계자, 특히 주주의 이익을 위해 열심히 일할 수 있도록 만들어진 구조이며, 최고경영자·이사회·주주총회 등을 말한다.

이사회·주주총회 등이 필요한 이유는 소유와 경영의 분리를 위함이다. 기업의 소유자가 경영권을 행사하면 제왕적 의사결정으로 인해 객관적인 판단을 하지 못하게 된다. 즉, 기업의 주인이 경영도 같이하게 되면 절대권력을 통제하지 못한다. 전문경영자가 별도로 있다 하더라도 주식을 많이 가지고 있는 '지배주주'가 회사의 의사결정에 사실상 큰 영향을 미치게 되면 경영권을 보장받을 수 없다. 그래서 기업의 소유와 경영을 분리하도록 하고, 외부인이 기업의 이사가 되어 감시하는 역할을 하는

'사외이사제도'가 마련되었다.

이처럼 객관적 시각에서 기업의 활동을 감시하는 사외이사와 감사는 독립성이 중요하다. 그래서 ESG 평가를 할 때 지배구조 영역에서는 감사의 독립성 확보를 위한 사내 정책과 프로세스 등에 대해 기업이 어떤 노력을 기울이고 있는지 확인한다.

감사 측면에서 독립성을 보장하는 장치에 앞서 ESG 경영을 위해 가장 중요한 것은 CEO 및 경영진의 역할이다. ESG 경영에서 이들의 역할이 강조되는 이유는 그들에게 경영전략을 기획하고 결정하는 권한이 있기 때문이다. 경영의 방향성을 결정하고 그 속에서 사회적 책임을 어느 수준까지 녹여내고 실행할 것인지는 최고경영자의 의지가 크게 작용하게 된다. 그래서 ESG 경영을 선포한 기업들은 홈페이지 등 이해관계자와의 소통 채널을 통해 최고경영자의 ESG에 대한 의지를 함께 공개하기도 한다.

그동안 시대의 변화에 따르지 못하고 사라진 많은 기업이 있었다. 디지털 카메라가 트렌드가 되었지만 계속해서 필름 사업을 고수한 '코닥', 스마트폰 시장에 적응하지 못하고 사라진 모바일 기기 브랜드 '스카이' 등에서 볼 수 있듯이 기업경영의 궁극적 목적인 이익 창출에 대해서도 CEO와 경영진의 판단은 매우 중요하다.

이러한 사례를 통해 볼 때 경영진의 민첩한 판단과 결정은 곧 기업의 지속성과 직결된다. 이는 곧 기업이 선택하는 경영전략과 실행에 대해 다양한 방식을 통해 의견을 수렴하고 결정하는 것이 지배구조의 건전성을 이루는 핵심이 된다.

| 지배구조 영역 주요 평가지표 |

지배구조 영역	평가지표
ESG에 대한 경영진의 역할	경영진의 의지, ESG 이슈 파악과 관리에 대한 역할, ESG 위험 평가, 보고책임
권한과 구성	조직의 중요한 의사결정과정의 권한, 최고결정기구의 의장과 구성원의 선정
이사회	기업의 지속적인 성장을 위한 전략 방향 수립과 검토, ESG 경영전략 수립과 ESG 리스크 관리, 주요 경영진에 대한 보수정책 수립, 이사의 손해배상책임 등
사외이사	이사회의 경영 감독 기능의 효과적 수행, 사외이사 독립성 보장
감사	[내부] 감사위원회 설치 및 운영, 감사위원회의 독립성 보장과 전문성 제고, 내부통제시스템 적정성 평가 [외부] 외부감사인의 독립성 보장, 외부감사인의 주주총회 참석과 소통, 주요 협의사항 보고 등
주주의 권리 보호	기업의 이익배당 등 분배에 대한 참여, 주주총회 참석과 의결권 행사, 주주권 행사 시 필요한 정보 제공 등
정보 공개	기업공시, 비재무정보의 공시와 소통

3장

ESG 시대가 도래한
진짜 이유

01

권력의 대이동

당신이 온라인 쇼핑을 즐겨한다면 그 과정을 떠올려 보자.

스마트폰을 열고 사고 싶은 제품을 검색한다. 화면에 다양한 제품이 나타난다. 그중 몇 개를 선택해 상세페이지를 살펴보며 본격적인 비교에 들어간다. 그리고 마지막으로 결정적인 정보까지 확인한 후 구매를 확정한다. 여기서 결정적인 정보란 바로 그 제품을 먼저 구매했던 고객들이 남긴 솔직한 후기이다. 평점이 높게 매겨진 제품은 그 이유가 무엇인지 살펴보고, 반대로 평점이 낮게 매겨진 제품도 그만한 이유를 확인한다. 제품의 상세페이지는 아주 훌륭한데, 고객의 후기가 좋지 않고 불만이 가득하다면 구매를 망설이고 있는 사람에게는 선택을 포기하는 결정적 이유가 된다. 제품의 설명 자료에서는 분명 괜찮을 것 같다고 생각했던 제품이 거짓이었거나 부풀려져 있다는 점, 그리고 제품에 대한 불리한 정보는 아예 언급하지 않았다는 사실도 알게 된다.

이처럼 온라인은 과거 기업이 일방적으로 제공하는 정보를 통해서만 의사결정을 해야 했던 고객의 선택 제한을 완전히 해제했다. 소비자들은 제품이나 서비스에 대해 안 좋았던 점을 온라인 공간에서 서로 공유했고, 기업이 알려주지 않는 정보 또한 후기를 통해 확인한 후 구매를 포기한다. 게다가 제품과 관련된 ESG 리스크가 발생하면 고객들은 삽시간에 뭉쳐 불매운동을 펼친다.

그리고 고객의 뭇매를 맞은 기업의 사례를 경험한 다른 기업들은 타산지석의 교훈을 얻는다. 다만 아직도 고객의 빠른 변화에 따라가지 못하는 기업들이 보이는 행태는 많은 사람들에게 아쉬움을 주고 있다.

'정보 수용자'에서 '정보 탐색자' '가치 행동자'로

이러한 변화의 핵심은 '매출 권력'의 이동 때문에 가능해졌다. 수동적인 입장에서 '정보 수용자'에 그쳤던 과거와 달리 고객들은 정보를 더 적극적으로 찾아 판단하는 '정보 탐색자'가 되었다. 온·오프라인을 막론하고 '최저가'가 구매기준이었던 시기가 지나면서 고객들은 '정보 탐색자'로 살아가고 있다.

그런데 여기서 한 번 더 변화가 일어났다. 소비행동에 가성비뿐만 아니라 그 소비 자체에 어떤 가치가 있는지 따져보게 된 것이다. 하나를 사더라도 ESG 가치가 담긴 제품이나 서비스를 찾고자 하는 변화이다. 이렇게 적극적인 행동과 생각을 하게 된 고객들은 '가치 행동자'가 되어 자

1. 정보 수용자　2. 정보 탐색자　3. 가치 행동자

고객의 변화

과거　수동적　적극적　현재

신의 소비 이념이 사회·환경에 부정적 영향을 끼치는 것은 아닌지 스스로 점검하기에 이르렀다.

그리고 이에 발맞춰 사회·환경 문제를 개선하고자 하는 실력 있는 중소기업과 스타트업이 등장하면서 고객의 소비에도 많은 영향을 끼쳤다. 스타트업의 제품이나 서비스는 사회·환경 영향을 충분히 반영하지 못했던 기존 기업들의 한계를 극복하면서 동시에 '가치 행동자'인 고객의 니즈를 충족시켰다.

스웨덴의 마츠마트(matsmart)는 과잉생산된 식품을 재판매하는 이커머스 기업이다. 마츠마트의 모토는 '세상을 한 입씩 구한다'로, 음식의 질에 문제가 없음에도 불구하고 3분의 1씩이나 버려지고 있는 현실을 개선하겠다는 비전을 가지고 있다. 유통기한이 지나 버려질 식품, 포장지에 문제가 있는 식품이나 기념일을 위해 많이 생산되었지만 판매되지 못한 식품 등을 20~90% 할인된 가격으로 재판매한다. 마츠마트는 2017년 약 2,000만 달러의 투자를 유치했고, 2018년 기준으로 3,218톤의 음식물 쓰레기를 줄였다. 마츠마트가 추구하는 가치에 동의하는 고객

고객에게 마츠마트가 던지는 메시지, '고객 및 기후 영웅 되기'(출처 : 마츠마트 홈페이지)

들이 늘고 있고, 그만큼 날로 성장 중이다.

우리나라에서도 그 사례를 찾아볼 수 있다. 매일유업은 1999년부터 선천성 대사이상 환아를 위해 특수 유아식을 개발해 공급하고 있다. 선천적으로 신진대사에 이상을 가지고 태어나는 아기들은 신생아 5만 명 중 1명꼴로 발생하고 있다. 이 환아들은 몸에서 모유, 고기, 생선, 쌀밥 등에 포함된 아미노산을 분해할 수 없기 때문에 특수식이 필요하다. 매일유업은 전국에 약 400명 남짓밖에 없는 이들을 위해 1년에 두 번 공장을 세우고 이들을 위한 제품을 만든다.

또 다른 사례도 있다. 한 고객이 매일유업에 플라스틱 빨대 사용을 자제해 달라는 의견과 함께 우유팩에 붙어 있는 일회용 빨대를 모아 직접 회사로 보냈다. 하지만 소비자 편의를 위해 부착한 빨대이다 보니 이런 의견을 반영하려면 많은 부분에서 의사결정이 필요하다. 공정 설계를 바꾸거나, 플라스틱 빨대를 공급하는 협력업체를 대상으로 계약물량을 줄

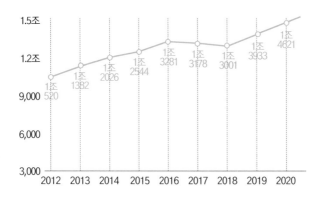

| 매일유업 매출액 추이 |

(단위 : 억원, 자료 : 금융감독원, 매일유업 IR)

여야 하는 등 여러 가지 문제가 따른다. 그런데 이에 대해 매일유업은 임원이 직접 손편지로 답장을 보냈고, 결과적으로 2021년 6월 빨대를 제거한 멸균우유 '매일우유 빨대뺐소'를 출시했다.

이러한 매일유업의 경영철학을 지켜본 많은 고객들은 매일유업의 충성고객이 되겠다며 응원의 메시지를 보냈고, 실제로 매일유업의 매출은 꾸준히 성장곡선을 그리고 있다.

이러한 사례를 통해 알 수 있는 점은 ESG를 중심으로 고객의 니즈를 발굴·분석하여 과감한 혁신을 단행해야 한다는 것이다. 기존의 경영 패러다임을 고수하다가는 빠르게 시장에서 도태될 수도 있다.

MZ세대가 말하는 세대차이의 진짜 원인

1980년대 초반의 밀레니얼 세대와 1990년대 중반 이후의 Z세대를 합쳐 MZ세대라고 부른다. 이런 MZ세대가 주목받는 이유는 그들이 이제 모든 소비의 주축이 되었기 때문이다.

그러나 최근까지 MZ세대에 대한 분석을 보면 많은 아쉬움이 남는다. MZ세대에 대한 분석으로 가장 많이 언급된 특징은 다음과 같다.

- 워라밸(Work and life balance) 중시
- 조직보다 개인 우선
- 자유와 평등 중시
- 공정한 기회 중시 등

그런데 여기서 문제는 이들에 대한 각종 분석이 그 윗세대의 시각으

로 이루어지고 있다는 점이다. 90년대생이나 MZ세대의 특징을 분석하는 글을 보면 MZ세대에 대한 면밀한 관찰보다 기성세대의 고정관념을 바탕으로 그들의 눈으로 바라본 젊은 세대를 이야기하고 있었다.

MZ세대의 가치는 '인권'

최근 MZ세대의 조기 퇴사에 대한 기사가 쏟아지자 기존 세대들은 어렵게 들어간 직장을 그만두는 그들의 선택에 대해 이해할 수 없다고 입을 모은다.

공무원이란 직업은 꽤 오래도록 젊은 세대가 가장 선망하는 직업 중 하나이다. 서울 노량진의 대형학원 한 곳에서 배출되는 합격자가 전체 수강생의 단 1%뿐이라고 할 만큼 공무원 등용은 바늘구멍보다도 좁고 좁다. 그런데 퇴직 이후의 삶까지 보장되는 최고의 직업을 박차고 나오는 MZ세대를 본 기성세대는 도저히 그 이유를 찾지 못한다. 대기업도 마찬가지다. 필자도 여러 번의 도전 끝에 대기업에 입사했다. 하지만 몇 년 후 많은 MZ세대 직원들이 퇴사했고, 어느 순간 나도 사직서를 쓰고 있었다. 퇴사한 또래 직원들과의 대화 속에서 공통점을 발견할 수 있었는데, 그들이 퇴사를 하는 이유는 많은 기성세대가 분석한 워라밸 중시 등의 풍토 때문이 아니라 기성세대와의 인권 인식에 대한 차이가 진짜 문제였다.

사실 '워라밸' '조직보다 개인 중시' '평등' '공정 기회'와 같은 MZ세대를 특징짓는 모든 가치의 최상위 카테고리는 '인권'이다.

MZ세대들은 단 한 살도 차이가 크다고 느낀다. 예를 들어 1985년생은 6차 교육과정의 끝이었고, 1986년생은 7차 교육과정의 시작이었다. 배웠던 과목이나 수능시험 방식도 다르다. 그래서 단 한 살 차이인데도 불구하고 서로 '나 때는 말이야' 하며 서로의 학창시절을 이야기한다.

이러한 MZ세대들의 특징 중 하나는 학교에서 인권의식을 교육받았고, 그것이 중요한 가치라는 점을 알고 사회에 나왔다는 점이다. 학생들에게 체벌이 금지된 후로 학생이 체벌한 스승을 신고해 학교로 경찰차가 들어오는 일이 많아졌다. MZ세대는 자신들에게 행해진 체벌이 훈육이 아니라 폭행에 가깝다고 인지한 경우, 공권력을 통해 해결할 수 있다는 사실을 알고 있었다.

이처럼 MZ세대들은 괴롭힘, 체벌에 대해 자신이 당할 이유가 없다는 점을 잘 인지하며 모든 교육과정을 마쳤다. 그러나 막상 직장에 들어오니 업무를 가장한 심리적 괴롭힘이나 성희롱, 강압적인 조직문화에 '그냥 참기'만 해야 하니 미칠 노릇이었다.

이런 인권에 대한 인식 차이는 기성세대가 학창시절에 충분히 관련 교육을 받지 못했기 때문이고, 젊은 세대만큼 인권의식이 체득되지 못해 직장 등 각종 조직에서 사건·사고가 발생하는 원인이 되었다.

이렇게 높은 인권의식을 가진 MZ세대는 조직의 모든 영역에서 ESG 경영의 필요성을 기성세대보다 더 잘 알고 있다. 하지만 그들이 일하고 있는 기업은 당연하게 갖추어져 있어야 하는 현장 안전체계, 협력사에 대한 존중 없는 기업문화, ESG 경영에 대한 인식이 부족한 최고경영자와 임원들, 불법 하도급, 지속성이 없을 것 같은 비즈니스 모델 등 MZ세대가 가진 ESG에 대한 기본적인 인식을 따라가지 못하고 있다. 즉, ESG 경영을 가장 강하게 촉구하는 세대가 MZ세대인데, 정작 ESG의 도입을 고민하는 기성세대들은 '그들의 의견을 충분히 반영했는가'라는 질문에 대해 깊이 있는 답을 내놓지 못하고 있다. 이에 대해 MZ세대들은 다음과 같이 간단하고 명료하게 답을 하고 있다.

"조직보다 개인(인권, 안전, 보건, 환경, 합리적인 의사결정 등)이 우선이라고!"

03

MZ세대 때문에 ESG 경영이 흥할 거라고?

'MZ세대가 어떻다더라' 하는 분석과 함께 ESG 경영에 대한 요구가 MZ세대가 추구하는 특성을 기반으로 더욱 거세질 거란 전망이 많다.

KBS가 2021년 6월, 세대별 인식 차이를 알아보기 위해 국내 최고의 사회조사 전문가, 교수 등과 함께 조사를 진행했다. 이 설문조사에 적용된 질문 중 일부가 ESG 가치를 포함하고 있는 것이 있어 눈에 띄었다.

그런데 이 조사 결과 발표 후 한동안 논쟁이 뜨거웠다. 청년층의 답변이 매우 독특한 결과를 낳았기 때문인데, 특히 성별에 따라 큰 차이를 보였다.

교육수준이 높아지면 보수보다 진보적인 성향이 높아진다는 사실은 이미 많은 연구 결과를 통해 입증되었다. 그리고 현재 우리나라 청년층의 고등교육 수준은 세계 수준에서 보았을 때 꽤 높은 편이다. 그럼에도 불구하고 이상하게 우리나라의 청년 남성계층에서 아주 뚜렷한 보수화가 나타나고 있었다. 그러나 이런 현상에 대해 아직 명쾌한 답은 도출되지 못하고 있다.

KBS의 설문조사 결과[3]를 토대로 우리나라 청년층의 특징을 ESG 측면에서 구체적으로 살펴보자.

ESG 관점에서 본 우리나라 청년층의 특징

정치적 측면에서 청년 남성층은 몇 년간 논의가 계속되고 있는 포괄적 차별금지법에 대해 40.6%가 반대하고 있다. 또 계층의 반(49.5%) 가까이가 성평등 정책 강화에 반대하고 있다.

앞서 소개했던 UN 지속가능발전목표(UN SDGs)를 상기해 보자. UN SDGs는 전 세계가 나아갈 17가지 목표를 제정한 것으로, 이 중 성평등 달성, 불평등 감소가 포함되어 있다. 이 목표를 실행하기 위해서는 국가별로 다른 방식을 채택할 수 있지만, 궁극적으로는 세계 사회가 나아가

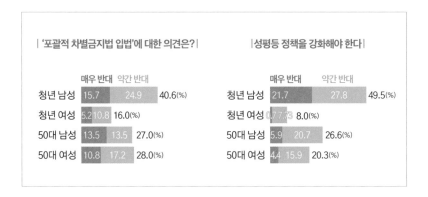

'포괄적 차별금지법 입법'에 대한 의견은?		
	매우 반대	약간 반대
청년 남성	15.7	24.9 40.6(%)
청년 여성	5.2 10.8 16.0(%)	
50대 남성	13.5	13.5 27.0(%)
50대 여성	10.8	17.2 28.0(%)

성평등 정책을 강화해야 한다		
	매우 반대	약간 반대
청년 남성	21.7	27.8 49.5(%)
청년 여성	0.7 7.3 8.0(%)	
50대 남성	5.9	20.7 26.6(%)
50대 여성	4.4 15.9 20.3(%)	

야 할 중요한 과제이다. 그러나 설문조사 결과에 따르면, 우리나라의 청년 남성계층은 지속가능발전목표 속 가치와는 다른 가치관을 답변한 것이 특이했다.

사회영역에서 볼 때 글로벌 ESG 평가항목에서 공통으로 다루고 있는 주제 중 하나가 근로자에 대한 적정한 보수의 지급이다. 그런데 이는 업무의 내용과 양, 숙련도의 차이, 위험도 차이 등 다양한 조건을 반영하여 적정한 보수를 근로자에게 지급해야 한다는 의미이지 학력에 따른 차등을 의미하지 않는다.

이에 대해서도 설문조사 항목과 그 결과에서 확인할 수 있는데, 결과는 꽤 의외였다. 우리나라 청년 남성층의 경우 고졸과 대졸자 간 임금 격차가 있어야 공정하다고 답한 비율이 43.1%, 명문대와 비명문대 출신 간 임금 격차가 있는 것이 공정하다고 답한 비율이 40.6%, 여성과 남성 간의 임금 격차가 있어야 공정하다는 응답이 52.7%였다.

ESG의 사회영역에는 기업 내 차별을 없애고 다양성을 존중하며, 적정한 보수를 제공하자는 기준이 있다. 이때 근로자에 대한 적정한 보수가 주어져야 한다는 기본명제가 있다. 물론 근로자마다 하는 일의 경중과 많고 적음이 있을 수 있기 때문에 보수에 차이가 발생할 수는 있다. 그러나 이는 조직에서 발휘하는 능력에 해당하는 것이지 학벌이나 성별에 따라 차이가 있어야 한다는 내용이 아니다. 그런 점에서 공정임금에 대한 MZ세대의 생각이 ESG 경영을 추구하는 데 있어 충돌할 수도 있다는 점을 알 수 있다.

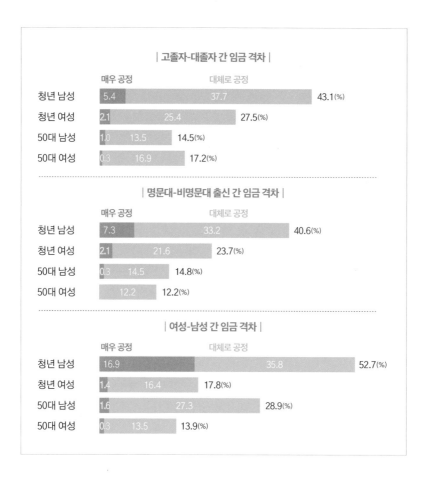

| 고졸자-대졸자 간 임금 격차 | | | |

	매우 공정	대체로 공정	
청년 남성	5.4	37.7	43.1(%)
청년 여성	2.1	25.4	27.5(%)
50대 남성	1.0	13.5	14.5(%)
50대 여성	0.3	16.9	17.2(%)

| 명문대-비명문대 출신 간 임금 격차 | | | |

	매우 공정	대체로 공정	
청년 남성	7.3	33.2	40.6(%)
청년 여성	2.1	21.6	23.7(%)
50대 남성	0.3	14.5	14.8(%)
50대 여성		12.2	12.2(%)

| 여성-남성 간 임금 격차 | | | |

	매우 공정	대체로 공정	
청년 남성	16.9	35.8	52.7(%)
청년 여성	1.4	16.4	17.8(%)
50대 남성	1.6	27.3	28.9(%)
50대 여성	0.3	13.5	13.9(%)

앞서 MZ세대의 특징 중 하나로 분석되었던 가치는 '공정함'이다. 그러나 조사에 따르면, 청년층이 생각하는 공정함이 우리 사회가 일반적으로 떠올리는 개념과 그 성격이 다를 수 있다는 점을 보여주고 있다.

환경에 대한 항목도 살펴보자. 환경 측면에서 전 세계는 오랜 시간 동안 불필요한 환경 사용을 자제하여 오염을 최소화하고 지속가능한 개발

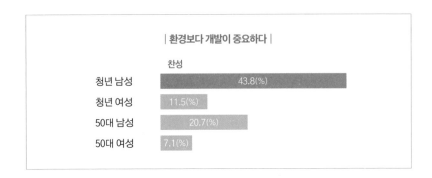

| 환경보다 개발이 중요하다 |

찬성

청년 남성	43.8(%)
청년 여성	11.5(%)
50대 남성	20.7(%)
50대 여성	7.1(%)

을 추구하자는 데 합의해 왔고, 더 높은 차원에서 실행방법을 강구하고 있다. 그러나 사회적 영역뿐만 아니라 환경 측면에서도 청년 남성층은 그와 다른 답변을 하고 있다는 점을 주의깊게 보아야 한다.

그런데 KBS의 조사 결과만이 아니라 다른 조사기관을 통해 조사한 결과 또한 비슷한 데이터를 가리키고 있음을 확인할 수 있었다. 주간지 〈시사인〉에서 '20대 남자'라는 주제를 가지고 대규모 설문조사를 했는데, KBS의 설문과 같이 매우 특이한 결과가 나타나기도 했다.

여기서 우리가 주목해야 할 점은 만약 MZ세대에서 ESG 경영이 추구하는 보편적 가치가 다르게 인식되고 있다면, 그들로 인해 ESG 경영이 더 주목받을 것이라는 많은 전문가의 예측은 변수를 맞이할 수도 있다는 점이다.

이로 인한 오류를 막기 위해서는 무엇보다 ESG 국제표준에 대한 정확한 이해가 우선되어야 한다. 도덕에 대한 선이 개인마다 다르듯이 기업이 추구할 ESG 가치 또한 해석상의 차이를 가질 수도 있다. 그 차이를 메우고 좁히는 방법은 ESG 가치에 대한 정확한 이해를 안팎으로 교육하고 알리는 것이다.

그리고 다른 가치를 추구하는 고객에 대해서는 왜 그들의 생각이 특정한 방향을 향해 흘러가는지 분석해야 한다. 이해관계자인 고객이 원하는 ESG 경영을 추구하는 것이 기업의 지속성을 만드는 필수조건이기 때문이다.

---

3. 조사대상 : 전국 만 20~24세, 50~59세 남녀 각 600명 / 조사기간 : 2021.5.10~13
　조사방법 : 온라인 설문조사 / 표본크기 : 1,200명 / 표본오차 : 95% / 신뢰수준±2.8%p

4장

우리나라의 ESG
도입을 앞당긴 사건들

01

우리나라만의 ESG 특이점

윤리경영

　우리나라에서 기업의 사회적 책임은 윤리경영으로 대표되기도 한다. 특히 규모가 큰 기업일수록 더욱 윤리적인 면에서 영향을 받는다. 아마도 갑질 사건 등 부적절한 경영형태로 인한 많은 사건·사고가 있었기 때문에 더욱 강조되는 것이 아닐까 싶다. 또 과거부터 고질적으로 있었고 현재도 완전히 뿌리 뽑히지 않는 공기업, 공공기관, 공직사회에 뒷주머니를 찔러주는 비윤리적인 일들 역시 한몫하고 있다. 물론 지금에야 '절대 있을 수 없는 일'이라고 하지만 이러한 일들이 비일비재했던 시절이 있었던 만큼 윤리경영은 우리 사회에서 가장 두드러지게 강조되어 온 ESG 영역 중 하나이다.

　대기업에서는 윤리경영 측면에서 너무 많은 일이 있었다. 비윤리를 대표하는 언어인 '갑질'이라는 단어는 라면상무 사건으로 탄생했다. 비행기에 탑승한 기업의 임원이 라면이 설익었다는 이유로 승무원에게 손찌검했던 일이다.

필자는 당시 라면상무 사건을 전면에서 처리하던 홍보팀에서 일했다. 사건이 TV 뉴스를 통해 보도된 다음 날, 직원들은 끊임없이 울려대는 항의 전화를 붙잡고 진땀을 빼야 했다.

'사회적 책임을 다하지 못했을 때 기업은 리스크를 맞이한다.'

윤리경영 교육이나 책에서나 만나볼 수 있었던 지루한 교과서 속 구절이라고만 생각했던 일이 실제로 리스크로 다가오니 그 파장은 실로 엄청났다. 필자도 전화를 받으면서 시민의 항의를 직접 들어보니, 대중들이 이해하고 있는 사회적 책임은 '노블레스 오블리주'에 가까웠다. '있는 사람이 더하다' '사회적으로 그렇게 높은 위치에 있으면 모범을 보여야 하는 것 아닌가'라는 메시지가 주류였다.

이 사건이 우리 사회에 각인시켜 준 메시지는 높은 자리일수록 존경받는 행동을 해야 하고, 그것이 기업의 임원이라면 더더욱 그렇게 행동해야 한다는 정의였다. 이후 범위가 넓어져 공공기관, 공기업, 대기업의 임원은 물론 직원들까지도 혹여나 외부에서 잘못된 일을 하면 시쳇말로 신상이 털리고 해당 기업에 거센 항의를 쏟아붓는 일종의 패턴이 생겼다.

그리고 사건이 일단락된 후 해당 항공사의 임원은 당시 피해를 입었던 자사의 직원에게 그 일에 대해 위로의 말을 건넸고, 그 또한 화제가 되었다. 그러나 몇 년 후, 오히려 그 항공사의 오너 일가가 직원들에게 비윤리적인 행태를 일삼았다는 사실이 밝혀져 뭇매를 맞았다.

이와 같은 일들은 포털에서 '갑질'로 검색만 해도 와르르 쏟아져 나온다. 대부분 오너 일가, 대기업의 임원급 이상의 인물들이 저지른 사건들이다.

이런 측면에서 우리는 아직도 사회적 계급이 존재하는 현실에 대해 암묵적으로 그럴 수밖에 없음을 인정하면서도 또 한편으로는 우리의 인간적 존엄성을 지키고자 하는 노력이 윤리경영을 촉구하는 움직임과 비판의 목소리로 나타나는 것으로 보인다. 이처럼 우리나라에서 윤리경영은 갑질을 연상하게 하는 많은 사건으로 인해 유독 강조되었으며, 이제는 그러면 안 된다는 인식도 더 강해지고 있다.

공정거래

공정거래 영역은 대기업과 중소·중견기업 간의 거래구조의 특이성으로 인해 강조되고 있다. 그리고 이 영역은 공정거래를 위한 각종 법률과 공정거래위원회가 마련한 각종 제도로 인해 점차 대기업의 횡포를 제재할 수 있도록 개선되고 있다.

비율로 따져보면 우리나라 전 산업에서 대기업은 단 0.3%뿐이고, 나머지 99.7%가 중소기업이다. 그러나 매출액 규모로 보면 대기업이 전 산업 매출의 48%를 차지하고 있다. 우리와 경제 규모가 비슷한 국가에서는 찾아보기 힘든 구조이다. 이러한 비합리적인 구조로 인해 그동안 각종 담합과 부당한 저단가 적용, 불법 하도급 거래 등이 자행되었다. 하지만 다행히 시간이 지날수록 폐단이 수면 위로 나타나면서 과거의 관행들이 고쳐지고 있고, 정부의 제재를 통해 개선되고 있다.

정부는 공정거래를 위한 노력의 일환으로 특히 대기업과 중소기업 간 계약 체결과정 및 이행과정의 공정성과 서면계약 내용의 충실성 등을 강조하고 있다. 또 법을 위반하지 않도록 예방하는 시스템이 마련되었고, 법 위반 시 재발방지를 위해 사후조치 모니터링이 이루어지고 있다.

이처럼 공정거래는 공정거래위원회를 중심으로 우리나라 산업의 건전함을 유지하고 발전시키는 중대한 역할을 하고 있다. 이러한 공정거래 또한 기업의 책임 있는 경영, 즉 사회영역(S)의 성과에 해당한다.

동반성장

공정거래 질서 확립과 함께 대기업과 중소기업의 동반성장 또한 중요한 ESG 영역 중 하나이다. 2011년부터 본격적으로 시작된 대·중소기업 동반성장은 공정거래위원회와 동반성장위원회를 중심으로 우리 사회에 정착되고 있다. 대기업이 중소기업의 성장을 견인하는 역할과 거래의 건전성 확보를 동시에 꾀하고 있으며, 기업별로 그 수준을 '동반성장지수'로 평가하여 대기업의 참여를 유도하고 있다. 동반성장지수는 동반성장위원회가 중소기업을 대상으로 연 2회 체감도 조사를 하고 있으며, 공정거래위원회가 대기업의 동반성장 이행실적을 평가한 결과를 합산하여 매겨진다. 산업마다 중소기업과의 거래구조에 특수성이 있기 때문에 이를 반영하여 제조업, 건설, 식품 등 산업별로 산정기준을 구분하고 있다. 합산된 총점수는 우수, 양호, 보통, 개선의 4개 등급으로 부여된다.

대기업의 중소기업 협력사 대상 동반성장활동은 자금지원, 기술지원과 보호, 인력지원, 채용지원, 협력사의 근로조건 개선 등이 있다. 이 외에도 1차 협력사가 2차 협력사를 대상으로 상생협력할 수 있도록 지원한다. 이같은 협력의 근간은 '대·중소기업 상생협력 촉진에 관한 법률'이 있었기 때문에 가능했다. 해외에서는 대기업의 사회적 책임과 관련한 자발적 의지를 바탕으로 동반성장 체계가 구축되었지만, 우리나라에서는 정부의 시스템을 기반으로 발전하고 있다는 특징이 있다.

환경경영

1987년, 세계환경개발이사회에서 환경을 고려하지 않는 무분별한 개발로 인해 환경파괴가 날로 심각해지는 것을 반성하며 '지속가능한 개발원칙'이 도출했다. 이를 계기로 기업에 '환경경영'이 도입되기 시작했는데, 전 세계적으로 다양한 기업에 공통으로 적용할 수 있는 기준이 필요했다. 그래서 1996년, 국제표준화기구(International Organization for Standardization : ISO)에서 환경경영 기준인 ISO14001을 마련했다.

전 세계 기업들은 이 기준에 따라 환경경영을 자발적으로 준수하며 고도화하기 위해 노력하고 있다. 분야는 제조업, 건설업뿐만 아니라 서비스업과 공공행정 등 거의 모든 영역으로 확산되었다.

우리나라도 1960년대에 공장에서 발생하는 소규모 공해를 규제하는 공해방지법을 시작으로, 1970년대 후반에는 환경보전법, 그 이후 환경 문제에 대해 더 능동적인 대처를 위한 환경정책기본법 등으로 발전해왔다. 분야별로는 수질, 대기, 소음·진동, 악취, 토양, 실내공기, 자연환경, 폐기물, 식수 등으로 구분된다. 기업이 환경오염과 훼손을 방지할 책무를 가지고, 오염과 훼손에 대한 원인을 발생시킨 경우에는 회복과 복원을 책임져야 한다는 것이 기본내용이다.

사회공헌

사회공헌은 기업이 적극적으로 사회발전에 기여할 수 있는 공익적 활동을 의미하고, 기부 등의 재정적 지원과 직접적인 활동을 통해 봉사하는 행동도 포함한다.

우리나라에서는 1939년 최초의 장학재단인 양영회(양영재단)가 설립되어 학생들에게 장학금과 연구비를 지원하는 활동을 시작했다. 이후 1970~1980년대에는 기업들이 재단을 설립하여 기부활동을 했으나 대부분 일회성 기부가 주를 이루었다. 1990~2000년대에 들어서는 기업의 비전과 연계된 사회공헌활동을 통해 전략적·선진적으로 이루어졌으며, 교육, 의료, 문화, 저소득층을 위한 인프라 개선, 환경 개선활동 등 테마도 다양해졌다. 이후 대기업뿐만 아니라 중견기업과 중소기업에서도 적은 규모라도 사회공헌활동을 하는 곳이 많아졌고, 이제는 소규모 자영업자도 참여하고 있다.

그러나 기업이 꾸준하게 사회공헌활동을 함에도 불구하고, 사회(S)와 환경(E) 영역에서 여전히 리스크가 발생하고 있다. 사회공헌을 소명을 가지고 해야 하는 일이라고 인식하기보다 '보여주기식 행사'로 생각하기 때문이다. 그리고 사회·환경적 리스크가 발생한 기업들은 이미지 회복을 위해 보여주기식 사회공헌활동을 벌이기도 한다. 이런 일이 자주 발생하자 사람들은 기업의 사회공헌활동에 대한 진정성을 의심하게 되고, 기업은 그동안 쏟아온 정성을 물거품으로 만들어 버린 사례도 많았다.

이렇듯 우리나라에서 사회공헌은 기부활동에서 전략적인 사회공헌으로, 또는 기업의 부정적인 이슈를 가리기 위한 방편으로 변화해 왔다.

환경(E) - 환경 리스크의 진짜 주범

생명을 위협하는 환경관리

예전에는 중소기업이 만든 제품에 대한 불신 풍조가 강했다. 품질면에서 특히 그랬다. 식품 중소기업의 비위생이나 몸에 바르는 제품에서 기준치 이상의 중금속이나 발암물질이 나왔다는 TV 뉴스를 자주 볼 수 있었다.

상황이 이렇다 보니 소비자는 믿을 수 있는 대기업의 제품을 선호하게 되었고, 이를 기반으로 대기업은 더 큰 성장을 이루며 제품과 서비스도 더 다채롭게 내놓았다. 그때마다 대기업이 강조하는 문구가 바로 '품질'과 '안전'이었다. 우리 몸에 직접 바르거나 먹는 제품은 특히 그 성분의 우수함과 안전성을 강조했고, 사람들도 제품의 원재료에 대한 관심과 지식을 넓혀갔다. 이는 글로벌 기업의 제품에 대해서도 마찬가지였다.

그런데 이러한 믿음을 깬 사건이 발생했다. 바로 '옥시 가습기 살균제 사건'이다.

환경부와 사회적참사특별조사위원회의 조사에 의하면 피해를 신고한 사람이 6,817명, 그중 사망자가 1,553명에 달했다. 파악되지 않은 사망 피해자는 14,000명, 건강 피해 경험자는 무려 67만 명이었다.

가습기 살균제의 주성분은 폴리헥사메틸란 구아니딘(PHMG)과 염화 올리고-에톡시에틸 구아니딘(PGH) 등이었다. 이는 샴푸에도 쓰이는 성분이다. 그런데 이것이 우리 몸에 흡입되었을 때 발생할 수 있는 문제에 관한 연구는 없었다. 이로 인해 화학물질이 우리 몸에 직접 작용할 때 일어날 수 있는 '제품안전' 측면의 리스크가 생긴 것이다. 좀 더 깊이 보자면 화학물질 원료에 대한 환경영향 측면에서 심각한 문제가 있었다. 믿었던 글로벌 기업이 벌인 이 '환경 사고'는 우리가 언제 어떤 방식으로 건강과 나아가 목숨에 위협을 맞게 될지 모른다는 공포감을 주었다.

중소기업에서 대기업으로 확장된 환경관리 미비로 인한 리스크는 소비자들에게 어떤 기업을 믿어야 하는가에 대한 고민을 다시 불러일으켰다. 특히 화학물질을 이용한 제품에 대해서는 안전을 고려하지 않은 기업의 안일함이 많은 생명을 앗아갔고, 가족을 잃은 사람들에게는 기업에 대한 원망이 곧 그 제품을 선택한 자신을 향한 책망이 되었다.

이런 슬픈 일은 연쇄고리를 갖는다. 단 한 업체의 미비한 환경관리가 관련된 전체 산업에 대한 불신을 부르기도 한다. 이러한 환경관리 리스크는 그 파급력이 상당하므로 더 강화된 환경관리 프로세스와 체크리스트, 리스크 발생 가능성에 대한 다방면의 시나리오가 필수적으로 마련되어야 한다는 점을 잊지 말아야 한다.

플라스틱 지옥

코로나19로 인해 음식 배달이 늘면서 우리는 스스로 플라스틱 쓰레기 지옥을 만들고 있다. 감염병으로부터 안전을 지키기 위한 선택이었지만, 결국 이러한 플라스틱의 무분별한 사용과 배출은 우리 삶을 위협하는 요인으로 다시 나타나고 있다.

사람들 역시 이 문제에 대해 그 심각성을 충분히 인지하고 있고, 해결 방안에 대해서도 깊이 고민하고 있다. 하지만 소비자들도 플라스틱을 줄이기 위해 노력을 하고 있지만, 사실 기업이 계속 플라스틱이 들어 있는 제품을 출시하는 상황에서 일부 소비자의 노력이 얼마나 영향력을 끼칠 것이냐는 의견도 많이 있다.

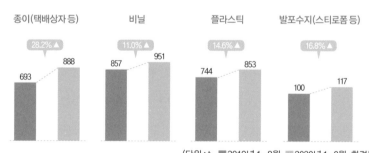

| 재활용 폐기물 하루 배출량 |

종이(택배상자 등) 28.2%▲ 693 → 888

비닐 11.0%▲ 857 → 951

플라스틱 14.6%▲ 744 → 853

발포수지(스티로폼 등) 16.8%▲ 100 → 117

(단위 : t, ■2019년 1~8월 ■2020년 1~8월, 환경부)

온라인에서는 네티즌들이 과자 포장재에 굳이 플라스틱을 써야 하냐며 포장지 사진을 찍어 올리며 서로의 의견을 공유했다. 내용물이 더 많아 보이기 위해 플라스틱 포장재를 한 번 더 쓰는 국내 기업의 제품과 반대로 불필요한 플라스틱을 쓰지 않고 심지어 내용물도 꽉 찬 해외 과자를 비교하는 담론이 형성되기도 했다.

소비자는 기업에 따라 또는 제품에 따라 친환경 소비를 하는 사람이 될 수도 있고, 그렇지 않을 수도 있다. 다시 말해 고객이 친환경 소비생활을 하고 싶어도 기업이 그 니즈를 받아들이지 않는다면 소비자는 영원히 그 과자를 사 먹지 않는 선택 외에는 다른 대안이 없게 된다. 물론 소비자의 이러한 노력은 미미한 영향을 끼치는 정도밖에 되지 않는다. 결국 기업이 기존 제품을 다시 분석해 불필요한 플라스틱을 포장에서 제외하는 것만이 성과를 만들 수 있다.

이렇듯 우리 일상에서 어느 순간 조금씩 더 늘어나기 시작한 제품의 생산과 소비에 연관된 환경영향은 많은 사람들이 일회용품을 쓰는 자신을 책망하는 것으로 끝나서는 안 된다. 결국 환경 영향성을 결정하는 열쇠는 기업에 더 가까이 있다는 것을 기업과 그 구성원들이 느끼고 이를 해결할 의지를 보여야 한다.

사회(S) - 기술 발전 속 나의 위치는?

고령화와 기술 발전

우리나라의 고령화와 출생률 문제는 계속 심화되고 있다. 국가에서 막대한 예산을 쏟아부어 출생률을 증가시키기 위한 노력을 하고 있지만 청년층은 살기 어려워지는 현실에 결혼과 출산을 포기하고 있다.

2019년 대비 2020년 합계출산율(여성 1명이 평생 동안 낳을 것으로 예상되는 평균 출생아 수)은 0.92명에서 0.84명으로 14%나 감소했다. 이와 관련된 뉴스 타이틀은 매년 '역대 최저'라는 말로 가득하다.

이런 현상이 지속되면 20~30년 뒤에 우리나라 인구구조는 매우 비정상적인 모습을 하고 있을 가능성이 크다. 현재 우리 사회의 모습을 보면 은퇴 연령이 60세라고 해도 정작 50대가 되면 조직에서 안정적으로 일을 할 수 있는 사람도 있지만 그렇지 않은 사람이 더 많은 것이 현실이다. 중장년층이 청년층보다 더 많은 특이한 인구구조가 형성된 미래에도 지금처럼 중장년층에게 양질의 일자리 부족 문제는 계속될 수 있다. 또 부족한 청년 인구로 인해 중장년층의 경제적 부양이 충분하지 않게 되기 때문에 많은 사람이 60세에 은퇴하지 못하고 70~80세 또는 그 이상까지도 생계를 위해 일을 해야 한다. 이러한 문제를 해결할 수 있는 역할은 정부는 물론이고 기업에게도 책임이 돌아가게 될 것이다.

그런데 이런 저출산으로 인한 고령화 외에 사회 측면(S)에서 눈여겨봐야 할 리스크가 바로 기술 발전이다. 눈부시게 발전하는 기술이 우리의 일상 속에서 적용되는 모습을 보고 직접 사용할 때마다 새삼 놀라지 않을 수 없다. 그러나 이러한 기술 발전은 곧 중장년층의 일자리에 어두운 그림자가 되고 있다. 당장 많은 식당에서 볼 수 있는 키오스크가 대표적인 예이다. 주문을 받는 업무를 사람이 아닌 기계로 대체함으로써 기

| 코로나19 영향으로 무인화는 가속화, 고용은 축소 |

새로운 직무로
고용 증가
32.8%

무인화 확대로
고용 축소
67.2%

(기업 265개사 대상 설문조사(2021), 출처 : 사람인)

업은 인건비를 절감하는 효과를 얻지만, 누군가는 일자리를 잃거나 일자리를 얻을 기회가 사라지게 된다.

이러한 점에서 사람들은 기술 발전에 앞장서 온 기업에게 일자리 창출에 대한 요구도 그만큼 더 많이 하게 될 가능성이 크다.

조직문화와 직원 고령화

많은 기업이 직면한 문제 중 하나는 저(底)직급 직원의 높은 퇴사율이다. 기업은 신규 직원에게 많은 교육훈련비용을 쓰고 있는데, 교육 후 얼마 안 가 퇴사자가 늘어나니 난감하다. 하지만 젊은이들은 꽉 막힌 조직문화를 참아가며 일을 하고 싶지 않다고 말한다. 이러다 보니 조직 내에서 청년 직원과 중장년 직원의 구조상의 불균형이 지속된다. 중장년 직원의 수는 거의 변하지 않는데, 청년 직원은 유지되거나 오히려 줄어든다. 여기에 높은 고용유지율로 인해 신입사원을 뽑지 않는 기업들도 계속 늘고 있다.

결국 이런 악순환은 기업 내부의 고령화 현상을 만든다. 청년 직원의 부족함으로 인해 시장 트렌드 변화에 대한 민첩함을 잃게 되고, 이에 따라 트렌드를 쫓아가지 못하는 기업은 곧 매출 하락과 경쟁력 상실로 이어지게 된다. 이는 곧 변화하는 시대상을 받아들이지 못한 기업의 고령화가 가져오는 비극적 결말이 될 것이다.

경제 양극화

코로나19로 인해 우리 사회뿐 아니라 전 세계적으로 경제 양극화가 더 뚜렷하게 나타나고 있다. 소득 하위계층에서는 생존에 대한 목소리가 높아지고 있는 가운데, 소비시장에서는 '프리미엄 제품(서비스)'이라는 니치마켓을 만들어 냈다. 해외여행이 어려워지자 고가의 제품을 사는 것으로 이동제한의 스트레스를 풀기 위한 소비심리가 발현되었다고 분석하기도 한다. 하지만 이런 현상에 동참하지 못하는 계층은 기업이 더 비싼 제품을 출시할 때마다 가격을 보고 입을 떡 벌리게 된다. 게다가 없어서 못 팔 정도라고 하니 그 인기에 비례해 누군가의 상대적 박탈감은 커진다.

기업이 구매력 좋은 고객에게 차별적인 제품과 서비스를 출시하고 마케팅하는 것은 당연하다. 하지만 이러한 기업의 행보는 우리 사회의 부익부 빈익빈을 만드는 원인이 되고 있다.

그리고 이러한 경제 양극화를 잘 들여다보면 이 또한 일자리 안정성에 대한 문제로 모아진다. 소득이 더 확대된 사람들에게는 코로나19가 큰 영향을 주지 못했지만, 저소득 계층에는 상당한 충격을 주었다. 저소득 계층이 선택할 수 있는 일자리는 단순노동인 경우가 많은데, 기업이 긴축정책을 하게 되면 가장 먼저 그들의 일자리를 줄이는 방법부터 시행하기 때문이다. 두 명의 청소노동자가 해야 할 일을 한 명으로 줄이는 '쉬운 해고'의 대상이 되는 것이다. 이런 상황들이 바로 코로나19가 가져온 경제 양극화의 모습이다.

코로나19가 장기화되면서 단순노동을 하던 사람들뿐만 아니라 '나에게는 해당되지 않는 일'이라고 생각했던 이들에게도 '쉬운 해고'의 그림자가 찾아왔다. 여행업계, 서비스직, 상담원 등 다양한 직군에서 이러한 상황이 나타났다. 그러나 임원의 수를 감축했다거나 그들의 연봉을 삭감해 저임금 직군의 노동자에게 나누어 주었다든가 하는 뉴스는 찾아보기 힘들었다.

이런 일들은 우리에게 ESG가 추구하는 가치가 절실하게 필요하다는 니즈를 강하게 만들어 주었다. 기업이 사회적 가치를 추구하는 경영활동을 했다면 저임금 노동자, 계약직원부터 차별하는 상황은 벌어지지 않았을 것이다.

04
지배구조(G) – 위기극복의 힘은 어디에서 나왔나?

1997년 외환위기

경제협력개발기구(OECD)는 1996년 '기업지배구조의 기본원칙'을 수립했다. 이에 따라 기업들은 유연성을 가지면서 지배구조를 마련할 수 있는 기준이 생겼다.

하지만 기업지배구조의 기본원칙이 마련된 다음 해인 1997년에 우리나라는 외환위기를 맞았다. 당시에는 현재와 같이 강력한 기준에 따라 대출이 이루어지지 않다 보니 기업은 상환능력을 고려하지 않고 은행에서 무분별하게 돈을 가져다 썼다. 이를 통해 외형적 성장에는 성공했지만, 위기는 한순간에 찾아왔다. 결국 우리나라는 국제통화기금(IMF)으로부터 구제금융을 받게 되었고 기업 지배구조를 개선하겠다는 양해각서를 체결했다.

이를 계기로 우리 기업들은 지배구조에 대한 필요성을 직면하게 되었다. 1990년대 후반에서 2000년대 초반까지 상법, 증권거래법, 외자도입법 등의 법률이 개정되었고, 다양한 제도가 도입되었다. 또 소액주주의 권리 강화, 이사회제도 개선, 회계제도 선진화 등 지배구조의 투명성을 확보하기 위한 노력이 이어졌다. 투자자들은 경영자에 대해 책임의식을 가질 것을 강조했고, 대외신인도를 제고하기 위한 방법 또한 다양하게 강구되었다.

특히 우리나라는 재벌이라는 특수한 지배구조로 인해 지속적으로 투명성에 대한 문제제기가 있었다. 이러한 문제를 해결하는 방안으로 기관투자자의 영향력을 강화했고, 이는 곧 기관투자자들이 기업에 ESG 도입을 촉구하는 힘이 되고 있다.

대한항공 소액주주의 행동

대한항공은 전 국민에게 지배구조에 대한 개념을 강하게 인식시켜 준 사례가 된 기업이다. 이전까지는 기업이 경영을 잘못하더라도 소액주주는 온라인 주식토론 게시판에 비난글을 작성하는 정도 외에는 할 수 있는 것이 없었다. 그런데 대한항공에서 몇 년간 오너 리스크가 계속되자 소액주주들은 직접 행동에 나서게 되었다.

2018년 대한항공의 소액주주들은 오너 일가의 퇴진운동을 시작했다. SNS 오픈 채팅방에 '대한항공 갑질 불법비리 제보방'이 생겼고, 총수 퇴진운동을 벌이자는 의견이 모였다. 이 과정에서 소액주주들은 오너 일가가 가진 주식(약 11%)에 비해 훨씬 더 큰 영향력을 회사에 끼치고 있었다는 점을 알게 되었다. 이에 소액주주들은 오너 일가에 대해 주식을 소유한 만큼만 회사에 영향을 끼쳐야 한다고 주장했다.

2019년 대한항공의 정기주주총회가 개최되었을 때 민주사회를 위한 변호사모임과 이상훈 변호사, 참여연대 등이 조양호 회장의 대한항공 사내이사 연임에 대한 반대 의결권을 대리행사했고, 이는 곧 회장의 연임 실패라는 결과를 가져왔다. 소액주주들은 주주행동주의*가 먼 나라의 이야기가 아닌 실현가능한 일이었음을 깨닫는 순간이었다. ESG 경영은 이렇게 우리 사회에 스며들고 있다.

MZ 동학개미의 등장

코로나19로 인해 해외여행을 가지 못하게 된 사람들이 소비로 관심을 돌리며, 일명 '보복소비'라고 불리는 국내 소비가 활발해졌다. 이런 가운데 소비하지 않은 자금으로 주식투자를 하는 개인들이 급격하게 늘어났다. 코로나19로 인해 탄생한 '동학개미'들이다.

동학개미는 엄청난 규모로, 그리고 빠르게 세력을 확장했다. 동학개미라는 용어가 생겨났다는 그 자체만으로도 그들이 하나의 큰 집단으로 주식시장에서 영향력을 가지게 되었다는 사실을 방증한다.

국내 시가총액 1위 기업인 삼성전자의 경우 2020년에 소액주주가 215만 명을 넘어서며, 2019년에 비해 3.8배나 늘어났다. 그중 47%가 MZ세대였다. 그들은 당연히 수익에 관심이 많았지만, 이왕이면 좋은 기업에 투자하고 싶어했다.

그들은 ESG 리스크를 안고 있는 기업에 대해서는 관심을 가지지 않는다. 엄청난 자금이 시장에 흘러들어왔음에도 불구하고 2020년 한 해 동안 남양유업의 주가가 힘을 쓰지 못한 데서 MZ 동학개미들의 생각을 알 수 있다. 남양유업은 ESG 리스크를 여러 번 겪었던 기업이기 때문이다. 그런데 2021년 5월, 남양유업이 소유주 일가의 지분 53%를 매각하겠다는 발표 이후 회사의 주가는 10% 가까이 급등했다. 즉, ESG 리스크 해소에 대한 기대가 반영된 것으로 해석된다.

ESG 경영 도입이 주가에 영향을 미친다는 연구 결과가 계속 발표되고 있다. 한국기업지배구조원(KCGS)이 2013년부터 2017년까지 5년간 4,128개 기업을 대상으로 조사한 결과 ESG 성과가 우수한 기업이 그렇지 않은 기업보다 주가 하락의 위험이 낮다는 점을 확인했다. 이러한 연구를 통해서도 ESG 경영 도입의 필요성을 알 수 있지만, 투자 움직임만 보더라도 이미 동학개미들은 ESG에 대한 중요성을 체득하고 있음을 알 수 있다.

그렇기 때문에 코로나19 이전보다 동학개미의 주주비율이 높아진 기업일수록 ESG 리스크를 맞이했을 때 그 보고에 대한 책임이 훨씬 커질 것은 당연하다. ESG 리스크로 인해 주가하락을 맞는 것보다 ESG 경영을 미리미리 도입해 조직 내에 잠재된 리스크를 해결하고 더 경쟁력 있는 기업이 되는 것이 옳은 방향이 아닐까 싶다.

주주행동주의

주주행동주의는 주된 관심이 수익률이었던 주주들이 올바르지 못한 경영을 이어가는 회사에 직접 경영권을 행사해 이익을 추구하려는 행동을 말한다. 주주행동주의는 부실경영을 막고 경영투명성을 확보할 수 있다는 점에서 주주들의 가치를 높일 수 있다.

ESG 국제표준과 국민연금 ESG 평가기준

| ESG 관련 국제기준 |

글로벌 표준화 기관	프레임 워크	투자자 이니셔티브	시장데이터 제공기관	기타 기관
ISO	AccountAbility	UN PRI	MSCI	WBCSD
GRI	IIRC	UNEP FI	DJSI	UNRISD
SASB	TCFD	GSIA	Bloomberg	WBA
GHG Protocol	UN GC	Climate Action 100+	FTSE Russell	IMP
…	…	…	…	…

| 국민연금 ESG 평가기준 |

이 슈		평가지표
환 경	기후변화	온실가스 관리시스템, 온실가스배출량, 에너지소비량
	청정생산	청정생산관리시스템, 용수사용량, 화학물질사용량, 대기오염물질배출량, 폐기물배출량
	친환경 제품개발	친환경 제품개발 활동, 친환경 특허, 친환경 제품인증, 제품 환경성 개선
사 회	인적자원관리 및 인권	급여, 복리후생비, 고용 증감, 조직문화, 근속연수, 인권, 노동관행
	산업안전	보건안전시스템, 보건안전시스템 인증, 산재다발사업장 지정
	하도급거래	거래대상 선정 프로세스, 공정거래 자율준수 프로그램, 협력업체 지원활동, 하도급법 위반
	제품안전	제품안전시스템, 제품안전시스템 인증, 제품 관련 안전사고 발생
	공정경쟁 및 사회발전	내부거래위원회 설치, 공정경쟁 저해행위, 정보보호시스템, 기부금
지배 구조	주주의 권리	경영권 보호장치, 주주의견 수렴장치, 주주총회 공시시기
	이사회 구성과 활동	대표이사와 이사회의장 분리, 이사회 구조의 독립성, 이사회의 사외이사 구성현황, 이사회 활동, 이사보수정책 적정성, 보상위원회 설치 및 구성
	감사제도	감사위원회 사외이사 비율, 장기재직 감사(위원) 비중, 감사용역비용 대비 비감사용역비용 비중
	관계사 위험	순재산 대비 관계자 우발채무 비중, 관계사 매출거래 비중, 관계사 매입거래 비중
	배당	중간/분기 배당근거 마련, 총주주수익률, 최근 3년 내 배당 지급, 과소배당

Environment

Part 2

비즈니스의
필수조건이 된
ESG

Society

Governance

1장

기업경영의 진짜 실력,
자금유치

ESG는 자금조달의 필수조건

기업이 ESG 경영을 도입하도록 이끄는 핵심유인은 자금이다. 투자 관점에서 기업의 ESG 도입이 장기적인 안정성과 수익의 창출로 이어진다는 것이 시장에서 증명되고 있다. 특히 최근에는 투자자와 투자기관이 ESG 경영을 제대로 하지 못하는 기업에 제공했던 투자자금을 회수하는 '마이너스' 개념으로도 적용되고 있다. 해외 연기금에서는 이미 ESG 리스크가 있는 한국 기업에 대해 투자 철회를 잇따라 결정했다. 이처럼 ESG가 자본흐름의 기준이 되는 현상은 앞으로도 꾸준히 일어날 전망이다.

- 네덜란드 연기금 APG(All Pensions Group) : 석탄발전사업에 투자하는 한국전력공사에 투자했던 지분 700억원 회수 결정 (2021.02.01.)
- 노르웨이 연기금 : 인도네시아 팜오일 농장개발 사업에 대한 환경파괴 우려로 포스코그룹으로부터 투자 철회 (2015)

한국거래소에 따르면 국내에서는 2021년에 들어 처음으로 ESG 채권 상장 잔액이 100조원대를 돌파했다. 특히 사회적 채권이 최근 3년 동안 크게 확대되었는데, 전 세계가 환경문제에 대해 함께 해결해 나가자는데 합의하고 행동을 본격화하는 시점에서 녹색투자에 대한 필요성이 자본 흐름에 그대로 반영된 것으로 보인다. 2021년에는 SRI(사회적 책임투자) 펀드가 순자산 5조 90억원으로, 사상 최대 규모를 이뤘다.

해외의 ESG 자본은 우리보다 훨씬 더 빠르고 거대하게 커져 국가 간 치열한 경쟁 양상을 보이기도 한다. 유럽(EU), 미국 등은 탄소중립을 선언하며 수조 원대의 ESG 펀드를 조성했다.

이러한 자본흐름은 오랜 역사를 가진 CSR, 지속가능경영 등의 개념보다 ESG가 기업경영의 패러다임을 즉각적으로 변화하게 만드는 요인임을 보여주고 있다.

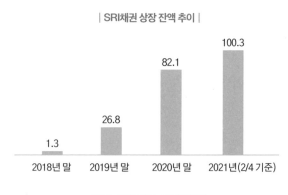

| SRI채권 상장 잔액 추이 |

(단위 : 조원, 자료 : 한국거래소)

| ESG 글로벌 헤게모니 쟁탈전 |

구분	미국	중국	유럽(EU)	한국
탄소중립 (발표시점)	2050년 탄소중립 (2020년 7월)	2060년 탄소중립 (2020년 9월)	2050년 탄소중립 (2019년 12월)	2050년 탄소중립 (2020년 10월)
친환경 투자	10년간 1.7조달러 (약 1,870조원)	30년간 100조위안 (약 1.7경원)	10년간 1조유로 (약 1,300조원)	2025년까지 73.4조원
연평균 투자	187조원	560조원	130조원	14.7조원
ESG 펀드 규모	1,790억달러 (약 200조원)	1,280억위안 (약 21조원)	1조유로 (약 1,300조원)	1.3조원

(중국 투자액은 보스턴컨설팅그룹(BCG) 추정, 자료 : 각국 정부, NH투자증권)

투자자가 ESG를 요구하는 이유

블랙록의 ESG 연례서한

투자자가 투자 결정을 하는데 있어 재무정보는 무엇보다 중요하다. 하지만 이러한 전통적인 기준은 2021년 1월 세계 최대 자산운용사 블랙록의 CEO 래리 핑크가 투자기업 CEO들에게 보낸 연례서한(Larry Fink's 2021 letter to CEOs)으로 인해 변화의 조짐을 보이고 있다. 서한에는 '수익성'보다 기후변화와 지속가능성 등 '비재무정보'가 중요한 투자 목적이 되어야 한다는 내용이 담겨 있다. 블랙록은 서한을 통해 투자 기업들에게 이렇게 요청했다.

- 연말까지 업종별 SASB 가이드라인*에 따른 공시 혹은 상기 공시와 유사한 해당 업계 데이터 기준으로 정보를 공개할 것
- 아직 도입하지 않은 경우 TCFD(기후변화 재무정보공개 전담협의체)*

의 권장 기준에 따라 기후 리스크를 공개할 것

    모건스탠리와 메리츠증권의 조사 결과에 따르면 미국 투자자들이 ESG를 요구하는 이유는 '운용자산 확대' '높은 성장 가능성' '기관투자자의 요구' 등 투자자의 가장 큰 목적인 '수익성'에 대한 효과가 크기 때문이다. 이처럼 수익성 면에서 보더라도 ESG 경영을 도입한 기업의 수익성이 좋다는 의미이자 ESG 투자로 거대자본이 움직이고 있다는 것을 증명하고 있다.

    수익성에 대한 답변과 비슷한 수준으로 '환경보호' '정직한 투자 목적' '사회 개선' 등이 눈에 띄는데, 블랙록과 같은 대규모 투자사의 운영방향이 다른 투자사를 향한 낙수효과로 이어지고 있다는 뜻이기도 하다.

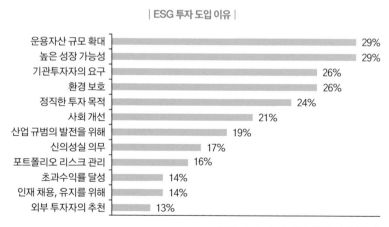

| ESG 투자 도입 이유 |

운용자산 규모 확대 — 29%
높은 성장 가능성 — 29%
기관투자자의 요구 — 26%
환경 보호 — 26%
정직한 투자 목적 — 24%
사회 개선 — 21%
산업 규범의 발전을 위해 — 19%
신의성실 의무 — 17%
포트폴리오 리스크 관리 — 16%
초과수익률 달성 — 14%
인재 채용, 유지를 위해 — 14%
외부 투자자의 추천 — 13%

(자료 : 모건 스탠리, 메리치증권 리서치센터)

해외에서는 ESG 경영을 잘하는 기업이 시가총액은 물론 주가도 높아지고 있다. ESG가 경영체계의 고도화를 불러일으키는 직접적인 요인이 되기 때문이다. ESG 경영 고도화는 이해관계자를 제대로 식별하고, 특히 고객과의 커뮤니케이션을 통해 제품과 서비스를 개선하고 확장해야 실질적인 변화를 만들 수 있다.

MSCI는 7년 동안 ESG 등급 상위권과 하위권 기업들의 성적을 비교해 보았는데, ESG 등급 상위권 30% 기업은 하위 30% 기업 대비 이익 증가율과 수익률이 상대적으로 양호했다. 또 MSCI가 2015~2018년 사이 이산화탄소 배출량 변화와 시가총액 관계를 조사한 결과 배출량을 적극적으로 줄인 상위 30개사의 시총은 2017년 대비 15% 증가했지만,

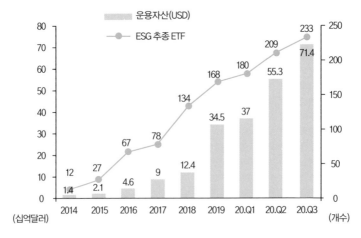

MSCI ESG 인덱스 추종 ETF 상품 추이는 해마다 급증하는 모습을 보이고 있다. (자료 : MSCI)

하위 30개사의 시총은 12% 감소했다.

이처럼 글로벌 시장에서는 이미 ESG 경영을 잘하는 기업이 실적도 좋다는 것이 입증되었다.

다양한 ESG 평가기준

앞서 살펴보았듯이 ESG를 기준으로 대규모 자금이동이 일어나고 있고, 이에 따라 ESG 경영을 잘하는 기업을 대상으로 투자를 검토하는 다양한 방법이 생기고 있다.

해외 ESG 평가기관*은 모건스탠리(MSCI 지수), DJSI(S&P ESG 지수), FTSE Russell(FTSE4Good 지수) 등이 있다. 국내에는 한국기업지배구조원(KCGS), 서스틴베스트 등이 있다.

평가 결과는 기관마다 자체적으로 나눈 등급을 부여하는 방식으로 부여한다. 예를 들어 모건스탠리의 MSCI 지수를 살펴보면 10가지 테마와 35개의 핵심 이슈를 바탕으로 기업을 평가하고, 대상 기업에 AAA 등급부터 CCC 등급으로 나눈 결과를 부여한다.

이렇게 다양한 기관이 존재하는 만큼 같은 기업을 대상으로 평가를 하더라도 결과가 다르게 나타나기도 한다. 전경련의 〈국내외 ESG 평가 동향과 시사점〉을 통해 발표된 조사 결과, 한 기업을 세 가지 ESG 지표로 평가했더니 평균 2.2단계의 격차가 발생했다. A기업이 어떤 지표로는 매우 낮게, 어떤 지표로는 보통 수준, 또 다른 지표로는 양호한 결과가 나타났다는 의미이다. 이러한 차이가 발생하는 이유는 ESG 평가지수

| 모건스탠리의 MSCI 지수 |

분류	환경				사회				지배구조	
테마 (10)	기후변화	천연자본	오염/ 폐기물	환경적 기회	인적자본	제품 책임	이해관계 상충	기회 균등	지배구조	기업행동
핵심 이슈 (35)	탄소배출	물 스트레스	유해물질 배출/ 폐기	청정 기술	노동관행	제품안전 및 품질	분쟁광물	통신망 접근	소유 및 지배	기업윤리
	제품 탄소 발자국	원자재 조달	포장재 및 폐기물	그린 빌딩	인적자본 개발	화학물질 안전성	지역사회 관계	금융 접근성	이사회	조세 투명성
	기후변화 취약성	생물 다양성 및 토지 이용	전자 폐기물	재생 에너지	보건/ 안전	소비자 금융 보호		의료 접근성	보상	
	자금 조달의 환경 영향				공급망 노동 기준	개인정보 보호		보건 및 영향 관련 기회	회계	
						책임투자				
						보건 및 인구 통계 리스크				

등급분류		MSCI KOREA IMI	
Leader	AAA	0%	1%
	AA	1%	
Average	A	5%	29%
	BBB	8%	
	BB	16%	
Laggard	B	37%	70%
	CCC	33%	

마다 그 항목과 기준이 다르기 때문이다.

ESG 평가지수는 기업에 대한 투자 스크리닝 기준으로 사용해 왔기 때문에 어떤 투자를 위해 평가하는지 그 목적에 따라 지표의 구성과 내용이 다를 수밖에 없다. 그러나 이에 대해 그리 걱정할 필요는 없다. 대부분의 ESG 평가기준은 기업의 사회적 책임 국제표준 ISO26000, 글로벌 지속가능성 보고표준인 GRI 가이드라인 등에서 제정된 내용을 그들의 기준에 따라 적절하게 반영하여 만들어졌기 때문에 ESG 체계를 수립할 때 국제표준을 충분히 반영한다면 어떤 평가기관으로부터 평가요청을 받는다 하더라도 대비가 어렵지 않을 것이다.

하지만 아직도 많은 기업이 ESG 지표의 다양성 때문에 혼란을 겪고 있다. 이에 산업통상자원부는 우리 기업들이 ESG 평가 대응능력을 강화할 수 있도록 2021년 상반기에 K-ESG의 초안을 공개했고, 2021년 12월 1일 4개 영역 총 61개 항목으로 구성된 'K-ESG 가이드라인'을 발표했다.

2018년에 마련된 국민연금의 스튜어드십 코드(stewardship code, 기업의 의사결정에 개입할 수 있도록 하는 제도)*를 참고해도 좋다. 국민연금은 기금의 특성이 반영된 고유의 ESG 평가체계를 마련하여 국내 상장주식(KOSPI+KOSDAQ100)에 대해 매년 2회 ESG 평가를 하고 있다. 그래서 ESG 평가를 앞두고 있다면 국민연금의 ESG 평가지표를 바탕으로 회사의 현재 수준을 점검하고 대응방향을 결정하는 데 활용할 수 있다.

|K-ESG 가이드라인|

구 분	주요 항목				
정보공시 (5개 문항)	ESG 정보공시 방식	ESG 정보공시 주기	ESG 정보공시 범위	ESG 핵심이슈 및 KPI	ESG 정보공시 검증
환경 (17개 문항)	환경경영 목표 수립	환경경영 추진체계	원부자재 사용량	재생 원부자재 비율	온실가스 배출량 (Scope1+ Scope2)
	온실가스 배 출량(Scope3)	온실가스 배출량 검증	에너지 사용량	재생에너지 사용비율	용수 사용량
	재사용 용수 비율	폐기물 배출량	폐기물 재활용 비율	환경법/규제 위반	대기 오염물질 배출량
	수질오염물질 배출량	친환경 인증 제품 및 서비스	-		
사회 (22개 문항)	목표 수립 및 공시	신규 채용	정규직 비율	자발적 이직률	교육훈련비
	복리후생비	결사의 자유 보장	여성 구성원 비율	여성 급여 비율 (평균급여액 대비)	장애인 고용률
	안전보건 추진체계	산업재해율	인권정책 수립	인권 리스크 평가	협력사 ESG 경영
	협력사 ESG 지원	협력사 ESG 협약사항	전략적 사회공헌	구성원 봉사 참여	정보보호 시스템 구축
	개인정보 침해 및 구제	사회 법/규제 위반	-		
지배구조 (17개 문항)	이사회 내 ESG 안건 상정	사외이사 비율	대표이사와 이사회 의장 분리	이사회 성별 다양성	사외이사 전문성
	전체 이사 출석률	사내이사 출석률	이사회 산하 위원회	이사회 안건 처리	사내이사 출석률
	주주총회 소집 공고	주주총회 집중일 이사회 개최	집중/전자/ 서면 투표제	배당정책 및 이행	윤리규범 위반 사항 공시
	내부 감사부 서 설치	감사기구전문성(감사기구 내 회계/재무 전문가)	지배구조 법/규제 위반		

SASB(Sustainability Accounting Standards Board, 지속가능회계기준위원회) 가이드라인

2010년 초, 미국 증권거래위원회(SEC)가 상장기업들을 대상으로 기후변화 관련 정보들을 공시하도록 한 것이다. 이후 비재무적 정보의 공시 영역을 점차 넓혀가고 있다. SASB의 산업 분류체계는 가정 및 개인용품, 산업용 기계, 상업은행, 전력발전, 주택건설, 철강제조, 전기 및 전자장비, 투자은행 및 중개, 하드웨어, 화학 등 10가지 경제부문으로 구분된다.

TCFD (Task-force on Climate-related Financial Disclosure, 기후변화 재무정보공개 전담협의체)

TCFD는 주요 20개국의 재무장관 및 중앙은행 총재들의 협의체인 금융안정위원회가 만든 기후변화와 관련한 재무정보공개협의체의 권고안을 말한다. 현재 70개국에서 정부, 기업 등 1,500여 개 기관이 가입했다(우리나라는 환경부, 거래소, 신한·KB 등 15개 기관 가입). TCFD의 주요 권고사항은 다음과 같다.

- 지배구조 : 기후변화 관련 위험과 기회에 대한 조직 지배구조(이사회/경영진 역할)
- 경영전략 : 기후변화 관련 위험과 기회가 사업·전략·재무계획에 미치는 실질적·잠재적 영향
- 위험관리 : 기후변화 관련 위험의 파악·평가·관리를 위해 기관이 사용하는 프로세스
- 측정기준·목표 : 기후변화 관련 위험과 기회를 평가·관리하는데 사용되는 지표, 감축목표

글로벌 ESG 지수

- MSCI지수(Morgan Stanley Capital International index) : 미국 모건스탠리캐피털인터내셔널사가 작성·발표하는 세계적인 주가지수이다. 글로벌펀드의 투자기준이 되는 지표이자 최초의 국제 벤치마크이다.

- DJSI(Dow Jones Sustainability Indices, 다우존스 지속가능경영 지수) : 미국 다우존스와 세계적 자산관리사인 스위스 SAM(Sustainable Asset Management)이 1999년에 공동으로 개발했다. 기업을 재무정보뿐만 아니라 사회적·윤리적·환경적 가치들을 종합적으로 평가하여 상위 10% 정도를 그해의 DJSI 회원사로 선정한다.
- FTSE4Good 지수 : 영국 FTSE인터내셔널이 개발한 지수로, 757개의 기업을 대상으로 환경보호, 인권보장, 사회적 책임 등의 3가지 영역을 조사해 우수기업을 선발한다. 담배, 무기, 핵 등 ESG에 반하는 업종은 배제되었다. FTSE4GOOD 지수는 영국, 유럽, 미국, 전 세계 등 4가지로 분류되어 있다.

03
IR과 함께 생각해야 하는 ESG

투자자들이 원하는 ESG 데이터

상장기업은 투자자들을 위해 정기적으로 IR 자료를 홈페이지에 공개하고, 사업설명회를 통해 회사의 실적과 미래사업의 방향성을 설명한다. 이를 통해 기존 투자자에게는 투자금을 그대로 유지하거나 더 확대하도록 유도하고, 신규 투자자에게는 회사를 더욱 매력적으로 보이게 하여 신규자금을 유치해야 한다.

특히 최근의 투자자들은 기업의 ESG가 재무적 성과와 어떻게 연결되는지 그 관계를 궁금해한다. 즉, 투자 관점에서 경영실적을 데이터로 확인하고 싶은 것이다. 하지만 그동안 지속가능경영보고서를 발간한 기업들의 보고서를 살펴보면 일부는 홍보를 위한 수단으로 변질되고 있다. 그런데 아무리 수려한 문장으로 포장해 지속가능경영보고서를 내놓는다고 해도 이해관계자들은 그 내용이 보여주기식 자료라는 사실을 알고 있다. 영국의 글로벌 컨설팅사 PwC가 2016년에 발표한 보고서에 따르면 투자자들은 기업의 지속가능경영보고서(ESG보고서)에 대해 단 29%만 신뢰하는 것으로 나타났다.

투자를 평가하는 측면에서 생각해 보자. 대개 회사에 대한 정보를 알기 위해서는 사업보고서를 참고한다. 하지만 사업보고서에서는 ESG와 같은 비재무정보에 대한 데이터를 파악할 수 없다. 따라서 ESG를 도입하는 기업 또는 투자기관을 통해 자금을 유치했거나 유치하려고 하는 기업이라면 투자자와의 커뮤니케이션을 할 때 ESG 데이터를 손쉽게 확인할 수 있는 자료를 준비해야 한다. 이는 지속가능경영보고서(ESG보고서)로 발간하는 방식이 최적이지만, 여의치 않다면 홈페이지·이메일·SNS 등 다양한 형태로 데이터를 공개하는 것도 좋은 방법이다. 그리고 정기적으로 회사의 비재무성과를 확인하고자 하는 투자기관을 위해 전년 대비 회사의 실적을 증감률로 보여주면 효과적이다.

이때 단순히 ESG 측면에서 작년 대비 올해 어떠한 성과가 있었고, 그것을 정량적으로 'OO영역에서 10%에서 20%로 상승했다'라고 표현하는 것이 아니라 'OO영역이 10%에서 20%로 상승하게 되는 과정에서 투입된 자원은 무엇이고 어느 정도였는지'를 ESG 데이터를 통해 구체적으로 보여줘야 한다. 그리고 ESG 경영에 투입된 그 자원비용이 어떤 경제적 성과를 가져왔는지, 영업이익 확대에 어떻게 연결되었는지 그 상호성을 데이터로 제시한다면 투자자들의 마음을 얻을 수 있을 것이다.

한솥밥 나누는 IR과 ESG

기업의 투자유치를 위해서는 투자자 대상 커뮤니케이션 및 투자자와의 관계를 말하는 IR(Invest Relation)이 중요한 부분을 차지한다. 투자자는 기업의 경영실적과 향후 사업에 대한 커뮤니케이션을 통해 투자 여부를 판단한다. 사업의 실현 가능성과 다양한 시장조건을 따져보고 기업이 제시한 사업이 진짜 돈을 벌 수 있는지를 판단해 투자 결정을 내리게 되는 것이다.

특히 최근 들어 ESG에 관심이 높아지면서 이제 IR에서도 패러다임의 변화가 필요해졌다. 실제로 IR을 진행하는 과정에서 투자기관이 기업과 커뮤니케이션할 때 ESG에 대한 질문이 늘고 있다. 그런데 IR 실무자들은 투자유치 쪽에서 전문가이지 회사의 전체적인 내용을 속속 파악해야 하는 ESG 관련 내용까지 담당하기에는 미숙하기 때문에 명쾌한 답변을 주지 못한다. 이는 결국 ESG 경영에 대해 전사 차원의 노력과 참여가 필요하고, 자금조달에 있어 ESG 전담인력이 배치되어야 한다는 것을 의미한다. 물론 실무적으로 쉽지 않다고 하겠지만 IR을 위해서는 피할 수 없는 일이 될 것이다.

그래서 IR을 할 때는 과거의 방식대로 IR 담당자가 투자기관과의 커뮤니케이션을 전담하는 방식에서 ESG 담당자도 함께 배석하여 회사의 ESG 경영 노력을 함께 설명하면 좋다.

그리고 투자기관이 ESG 투자를 추구하는 경향이 짙어질수록 개인투자자들 또한 ESG를 잘하는 기업이 어디인지 찾아보고 이를 투자의사결정에 반영하는 또 하나의 기준이 되고 있다. 그래서 회사를 매력적으로 보이게 하고 싶다면 ESG 체계를 수립하여 투자를 고민하는 이들에게 비재무정보까지 공개할 수 있어야 한다.

이렇듯 상장기업일수록 ESG에 대한 관심과 추진의지를 빠르게 다지고 내부역량을 갖추는 준비가 필요하다. 그리고 IR 과정에서 회사의 ESG 성과를 설명하는 자리를 정례화하여 회사의 긍정적인 측면을 강조하면 기존 단기투자가 주를 이루는 우리나라 주식시장에서 장기투자에 적합한 기업이라는 평가를 받게 될 수 있다.

04

소기업도 가능한 ESG 대출

투자 관점에서 발전된 ESG는 이제 기업의 대출기준에도 나타나기 시작했다. 국내 은행들은 기업에 대출을 제공할 때 재무정보, 업력, 신용도 등을 기준으로 사용해 왔다. 그래서 업력이 짧거나 신용도가 낮은 기업의 경우 제1금융권에서 대출을 받기가 쉽지 않았다. 그런데 이런 현실을 타계할 수 있는 기준으로 ESG가 관심을 받고 있다. 기업의 외형적인 기준보다 내실 있는 ESG 경영을 하는 기업에 대출을 제공해 주는 기준이 적용되기 시작한 것이다.

2021년에 들어 국민은행, 신한은행, 우리은행, NH농협은행 등이 ESG 기준을 반영한 기업 대상 대출상품을 출시했다. 은행에서 출시한 ESG 관련 대출상품은 대부분 ESG 우수기업에 대해 인센티브를 부여하는 방식으로, ESG 경영수준을 평가하여 그에 따라 대출한도와 금리를 우대해 주는 것이 골자다.

- 국민은행 : KB 그린웨이브 ESG 우수기업 대출
- 신한은행 : 신한 ESG 우수 상생지원 대출
- 우리은행 : 우리 ESG 혁신기업 대출
- NH농협은행 : NH 친환경기업 우대론

이 중 국민은행의 경우 석탄발전과 관련된 사업을 하는 기업에 대해서는 자금조달을 막겠다고 발표를 했다. 세계 최대 자산운용사 블랙록이 2020년 4월 화석발전에 대한 투자중단을 결정했을 때에는 남의 일처럼 여겨졌던 일이었는데, 국내 은행에서 이러한 발표는 비즈니스 자체의 근원을 친환경·친사회적으로 변모해야 한다는 화두를 던진 것이다.

아직 중견·중소기업에서는 ESG 도입이 피부에 와닿지 않는다는 의견이 많다. 그러나 자금조달 측면에서도 ESG를 우대하는 상황이 계속된다면 ESG 경영은 앞으로 더 현실적인 이슈로 다가올 것이다.

2장

ESG 의무화를 위한
움직임

01

ESG 공시 의무화, 카운트다운이 시작됐다

지속가능경영보고서가 홍보성 짙은 발간물로 인식되며 그 중요성을 점점 잃어가는 모습을 보이고 있다. 과거 지속가능경영보고서를 자발적으로 발간하는 기업은 2005~2006년을 기점으로 매년 빠르게 늘어나며, 2013년 이후로는 130개 이상의 기업에서 꾸준히 비재무정보를 공개해 왔다. 하지만 2013년부터 그 수가 정체되며 '하는 기업만 하는' 상황이 되었다. 그렇다 보니 지속가능경영의 중요성은 한동안 우리 산업에서 그리 주목받지 못했다.

기업이 한 해 동안의 경영실적을 공개하는 공시 자료는 엄격한 기준을 바탕으로 작성되어 기업가치평가 등 다양한 영역에서 활용되는 지표이다. 이에 따라 상장법인의 경우 해당 내용을 담은 사업보고서를 의무적으로 제출해야 한다. 반면 지속가능경영보고서는 재무정보 외 기업의

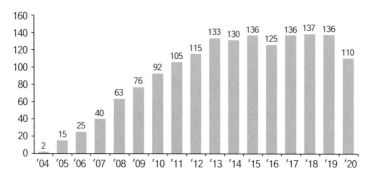

| 국내 지속가능경영보고서의 발간 현황 |

대기업 이외에도 공공기관, 공기업 등을 모두 포함한 수치다. (자료 : 한국표준협회, 유안타증권 리서치센터)

비재무정보까지 담는 커뮤니케이션 도구이지만 제출의무가 없다 보니 대부분의 기업에서는 관심을 가지지 않았다.

기업공시에 비재무정보를 포함해야 한다는 논의는 꽤 오래전부터 진행되었는데, 법제화에 앞두고 기업의 자유로운 경영활동에 제약을 줄 수 있다는 기업의 반발에 부딪혀 매번 미뤄지곤 했다. 하지만 국내와 국외 투자자들의 비재무정보의 공개에 대한 요구가 더욱 거세지자 금융위원회가 글로벌 흐름에 맞춰 기업의 ESG 정보 공개 의무화에 대한 일정을 공개했다.*

먼저 금융위원회는 코스피 상장법인 기업을 대상으로 지배구조(G)에 초점을 맞춘 기업지배구조보고서를 2017년 3월부터 자율공시하도록 했고, 2019년에는 자산총액 2조원 이상인 코스피 상장기업에 우선적으로 적용하기 시작했다. 그리고 2026년부터 모든 코스피 상장법인들은 의무적으로 지배구조 정보를 공시해야 한다.

| 기업지배구조보고서 의무화 일정 |

일정	대상 기업
2017년 3월~	코스피 상장법인 자율공시
2019년~	연결재무제표 기준 자산총액 2조원 이상(대규모 법인)
2022년~	연결재무제표 기준 자산총액 1조원 이상
2024년~	연결재무제표 기준 자산총액 5,000억원 이상
2026년~	전체 코스피 상장법인

지배구조뿐만 아니라 사회·환경 영향에 대한 정보를 담은 지속가능경영보고서도 의무화된다. 이에 따라 한국거래소는 〈ESG 정보공개 가이던스〉를 발표했는데, 여기에는 12개 항목 21개 지표로 구성된 글로벌 ESG 이니셔티브에서 제시하는 내용 중 핵심적인 지표를 담고 있다.

| 지속가능경영보고서 공시 의무화 일정 |

일정	대상 기업
~2025년	자율공시
2025~2030년	일정규모 이상(예 : 자산 2조원 이상) 코스피 상장법인
2030년~	전체 코스피 상장법인

현재는 지속가능경영보고서 공시 의무대상이 코스피 상장법인을 대상으로 하고 있지만, 앞으로 코스닥 상장법인까지 포함될 가능성이 매우 높다. 특히 ESG를 중심으로 개편되고 있는 자본시장의 변화는 당장 1

년 뒤, 2년 뒤에는 가속도가 붙을 것이기 때문에 ESG 공시 시간표 또한 앞당겨질 수 있다는 가정하에 기업들은 경영전략을 마련하고 ESG 경영 도입과 공시에 대비한 준비를 갖추어야만 한다.

유가증권시장 공시규정

제24조의2(기업지배구조보고서의 공시)
① 대규모법인인 유가증권시장주권상장법인은 별표의 기업지배구조 핵심원칙의 준수현황과 미준수시 그 사유 등을 기재한 기업지배구조보고서를 사업보고서의 법정제출기한으로부터 2개월 이내에 거래소에 신고하여야 한다. 다만, 제3항에 따라 지배구조 연차보고서를 거래소에 신고하는 경우에는 그러하지 아니하다.

다양한 분야의 ESG 법안

우리나라에서 기업의 사회적 책임에 대한 법과 제도는 다소 분산적으로 존재한다.

먼저 법률적인 면에서 볼 때, 지속가능발전법과 저탄소녹색성장법을 주축으로 환경과 개발에 대한 큰 시각을 확인할 수 있다. 그러나 이는 환경영역에 집중되어 있어 ESG의 사회영역을 포괄하지 못한다. 사회적 책임 측면에서는 산업발전법, 중소기업기본법, 중소기업진흥법 등에서 기업이 사회적 책임을 다하여 경영해야 한다는 구속력이 없는 연성법(soft law)적 내용이 포함되어 있다.

제도적인 면에서 볼 때, ESG 중 사회 측면은 여성가족부의 가족친화기업 인증제도를 통해 임직원이 근무하기 좋은 조직 여건을 만들고 그 현황을 확인하도록 하고 있다. 협력사의 경우 공정거래위원회와 동반성장위원회가 다양한 지원 및 제재 측면에서 제도를 운영한다. 투자 측면에서는 국민연금과 한국거래소가 ESG 평가기준을 마련하여 투자자들에게 지표를 제시하고 있고, 소비자 측면에서는 공정거래위원회의 소비자중심 경영인증제도 등을 통해 고객 커뮤니케이션을 제공한다. 지역사회의 경우 보건복지부의 지역사회공헌 인정제도를 통해 조직의 활동을 도모한다.

이렇듯 투자자, 고객, 지역사회 등 이해관계자별로 그들의 니즈를 충족시킬 수 있는 내용을 확인할 수 있다.

ESG 법제화 노력

ESG의 법제화에 대해서는 꽤 오래전부터 준비가 되고 있었다. 2016년부터 국가재정법, 자본시장법 등에 대한 법안 발의가 있었는데, ESG 내용을 담은 국가재정법안 발의에서는 기금관리 주체는 투자대상과 관련한 환경·사회·지배구조 요소를 고려해야 한다는 내용을 담고 있고, 자본시장법은 사업보고서에 사회적 책임에 관한 비재무정보를 의무적으로 기재해야 한다는 내용을 담고 있다.

국가재정법 발의	자본시장법 발의
2016년 9월 : 노웅래 등 10인 2017년 3월 : 최운열 등 16인 2017년 6월 : 이원욱 등 13인	2016년 8월 : 홍일표 등 10인 2016년 9월 : 이언주 등 11인 2017년 4월 : 전재수 등 10인

당시에는 기업에 대한 부담이 과하다는 이유로 과감한 법안을 끌어내지 못했다. 그러나 21대 국회에 들어서면서 ESG 법안에 대한 움직임이 활발해지며 관련 법안이 115건이 넘게 발의되었다. 또 2022년 대선을 앞두고 주요 대선 주자들을 중심으로 국민연금 등 공적 연기금 및 공공기관의 ESG 투자와 경영을 의무화하는 'ESG 4법(국민연금법, 국가재정법, 공공기관운영법, 조달사업법)'이 논의되고 있다.

이처럼 ESG에 관심을 가지는 정치인이 늘고 있고, 이에 따른 법안 논의가 많아진다는 것은 표를 위한 환심이 아니라 우리나라 전 영역에서 ESG가 필요하다는 공감대가 형성되고 있다는 것이니 주목해야 한다.

03

우리나라보다 ESG를 먼저 도입한 국가

인도네시아와 인도-CSR 법제화

기업의 사회적 책임활동을 법제화한 최초의 국가는 인도네시아이다. 인도네시아에서는 2007년 '모든 회사의 운영에 있어 그것이 자연자원과 관련된 운영일 경우에는 CSR 프로그램을 의무적으로 시행한다'는 내용을 담은 '유한책임회사에 관한 법률'을 발표했다. 사회적 책임에 투자하지 않는 기업에 대해서는 정부가 제재를 가할 수 있다는 의미이다.

인도에서는 2014년 일정 규모 이상의 기업은 순이익의 2%를 사회적 책임활동에 지출해야 한다는 내용의 CSR 의무법이 제정되었다.

유럽연합(EU) - 법제화 및 공시의무

유럽연합(EU)은 ESG 정보를 의무적으로 공시하도록 2018년부터 제도화[^]하여 실행 중이다. 이에 더해 최근에는 ESG 관련 법안을 도입하는 등 정책을 수립하고 있다. 구체적인 내용은 다음과 같다.

- 지속가능금융공시규정(SFDR)
- 기업의 사회·환경 영향 정보를 공개하는 '비재무정보 보고지침 (NFRD)'
- 환경부문에서 지속가능한 경제활동의 기준을 제시하는 '분류체계규정(Taxonomy)'
- 기업의 공급망 전체에 대한 환경 및 인권보호 현황을 의무적으로 실사하도록 하는 '공급망실사제도(Due diligence)'

미국의 변화

미국의 S&P500 지수에 포함된 기업 중 약 85%는 지속가능경영보고서를 발간하고 있다. 이런 자발적 정보 공개와 함께 2014년부터 미국에서는 분쟁광물* 사용 여부에 대한 보고가 의무화되었다.

그러나 이후 트럼프 정부에서는 비재무정보 공개에 대한 논의가 이루어지지 않다가 바이든 정부 출범과 함께 ESG에 대한 법제화 및 정책에 대한 논의가 급물살을 타기 시작했다. 이는 코로나19로 인해 직원의 건강과 안전에 대한 경각심을 일깨우게 되었고, 인종차별에 따른 사건·사고로 인해 다양성과 포용성에 관한 관심이 더 높아졌기 때문이다.

바이든 정부는 주요 행정기관에 ESG 책임자를 임명하고 있으며, 증권거래위원회에서는 ESG 집행 테스크포스를 출범시켰다. 또 청정에너지 인프라 구축에 2조달러를 투자하겠다는 계획을 제시했고, 2021년 2월 트럼프 정부에서 탈퇴한 파리기후변화협약에 다시 복귀했다.

ESG 공시 의무화 국가 현황

- 원칙준수 예외설명 도입 : 호주, 브라질, 싱가포르, 인도네시아 등
- 일부 기업 대상 공시 의무화 : EU, 덴마크, 노르웨이, 아르헨티나, 인도, 대만
- 지속가능경영보고서 발간 의무화 : 아르헨티나, 브라질, 덴마크, 독일, 노르웨이, 싱가포르, 남아프리카공화국 등
- 모든 기업을 대상으로 ESG 정보 공시 실행 : 영국(~2025)
- ESG 정보공개 방법 마련 : 일본(2021)

분쟁광물

분쟁광물은 분쟁국이나 환경파괴가 진행되는 지역에서 생산되는 광물로, 미국 정부는 콩고민주공화국, 우간다 등 9개국에서 생산되는 금, 주석, 텅스텐, 탄탈룸 등 4개 광물을 분쟁광물로 지정했다. 이 광물들은 전쟁이나 범죄를 저질러가면서까지 생산되고 있고, 채취과정에서 인권유린은 물론 아동노동 착취, 성폭행 등이 발생하고 있다.

---

4. 대상 : 근로자 500명 이상, 자산총액 2,000만유로 이상, 순매출 4,000만유로 이상

3장

ESG 도입이
시급한 기업

협력사의 ESG 도입 지원 확대

필자는 그동안 다양한 중소기업과 중견기업의 경영자를 만나면서 ESG의 시대가 다가오고 있음을 자주 피력했다. 그러나 대부분 '당연히 준비가 필요하다'고 답하지만 바로 앞에 닥친 문제가 아니기 때문인지 실제로 준비를 위해 노력하는 기업은 거의 본 적이 없다. 아직까지 중소기업 CEO들은 중·대규모 수출기업이 되거나 글로벌 기업에 납품하는 내실 있는 중견기업 정도 되어야 ESG가 당면한 문제라고 여기고 있었다.

그러나 변화의 물결은 무척이나 빠르다. 최근 들어 ESG 경영을 선포하는 대기업들의 소식이 하루가 다르게 들려오고 있다. 이러한 현상을 보고 ESG가 대기업에 불고 있는 한철 바람이라고 생각한다면 안일한 자세라고 말하고 싶다. 대기업의 경영방침 변화는 곧바로 그들의 협력사에 해당하는 문제가 되기 때문이다.

기존 동반성장 및 상생협력 측면에서 중소기업 협력사를 대상으로 지원 프로그램을 제공했던 대기업이 그 영역을 ESG 도입 지원으로 확대하여 운영하겠다고 발표하고 있다. 그래서 대기업 협력사 대상 ESG 정착 지원활동 또한 점차 확대되고 있고, 그에 대한 거래상의 인센티브가 적용될 전망이다.

2021년 들어 포스코그룹, KT 등은 협력사가 ESG 경영을 도입하고 경제·사회·환경 부문에서 글로벌 수준을 달성할 수 있도록 정책을 마련했다. 특히 그동안 조업과정에서 각종 사고는 물론 협력사 직원의 희생이 잇따라 발생했던 만큼 안전관리를 특히 강조하고 있다. 이와 함께 탄소중립을 실천하기 위한 협력사의 노력을 촉구하는 특징이 있다.

이제 산업계마다 기업 규모를 기준으로 ESG 낙수효과가 시작되었다. 앞으로 중소기업의 경우 ESG 경영이 일정 수준을 달성해야만 거래 기회가 주어지는 기업이 많아질 것이다. 그동안 지속가능경영이 대기업의 사회적 책임으로만 그 의미가 한정되는 것으로 오해받았다면, 이제 ESG 평가는 모든 기업에 해당하는 문제라는 인식이 확대되면서 더 큰 화두에 오르게 되었다.

모든 수출기업은 ESG가 필수다

필자는 대기업에서 ESG 경영 업무를 담당했었다. 불과 몇 년 전인데도 당시 회사 직원들의 대부분은 ESG 경영을 왜 해야 하는지 필요성을 이해하지 못했다. 글로벌 경영수준을 달성해야 한다는 메시지는 끊임없이 강조하고 있었지만, 이상하게도 ESG 경영은 당장 눈앞에 닥친 해결해야 할 문제가 아니라는 생각 때문인지 경영진의 관심 또한 적은 편이었다.

2016년, 한 수출 담당 부서에서 ESG 평가를 받으라는 고객사의 요구에 맞닥뜨렸다. 다행히 우리 회사는 ESG에 대한 준비가 나름 잘되어 있었기 때문에 무사히 평가대응을 마치고 거래를 원활히 진행할 수 있었다. 그리고 그 이후에도 다양한 부서에서 ESG 평가대응에 대한 요청이 계속되었다. 이러한 일련의 과정이 있기 전까지만 해도 ESG 경영은 필수조건이라고 여겨지기보다 제조 대기업이 자발적으로 행하는 영역이었고, 이를 담당하는 직원 외에는 홍보의 영역이라는 생각이 일반적이었다. 게다가 글로벌 시장에 본격적으로 진출한 기업 또한 많지 않다 보니 관심도 그만큼 적었다. 하지만 대부분의 수출 거래처에서 ESG 평가 요구가 계속되자 전 임직원이 ESG 경영에 대해 진정으로 필요성을 느끼게 되었다.

우리나라 수출기업의 ESG 준비 현황

대한상공회의소는 2018년, 국내 수출기업 120여 개사를 대상으로 '수출기업의 사회적 책임경영 리스크 실태조사'를 진행하여 결과를 발표했다. 조사 결과 54%에 해당하는 기업이 수출과정에서 ESG 평가를 받은 것으로 나타났다. 필자가 겪었던 ESG 평가 이후 단 2년 만에 중소기업에도 실질적인 문제가 된 것이다.

가구업체 A사의 경우 미국 글로벌 유통사에 납품을 준비 중에 ESG 평가를 받았는데, 외국인 근로자의 숙소가 안전심사를 통과하지 못해 납품이 무산되는 일을 겪어야만 했다.

이처럼 평가 결과가 기준에 미달하는 경우 문제를 해결한 후 납품하는 조건부가 걸리기도 하고, 납품량 축소 또는 협력사 선정 배제나 거래 중단으로 이어졌다. 이러한 움직임은 지금도 계속되고 있고 앞으로도 더 많은 중견기업과 중소기업에 해당될 전망이다. 특히 기업의 매출구조에서 수출 비중이 크다면 언제 어디서 ESG 평가 요청을 받는다고 해도 이제는 이상하지 않다.

ESG 평가 요청을 받은 후에 이 일을 어떻게 해야 하는지 문의하는 기업의 연락을 받으면 매우 안타깝다. 조금만 앞서서 ESG 경영에 관심을 기울였다면 어렵지 않게 ESG 평가를 받고 수출을 진행할 수 있었을 텐데, 당장 평가 요청을 받은 상황에서 ESG 수준을 살펴보면 글로벌 기준에 한참 미달하는 경우가 대다수이기 때문이다.

이처럼 ESG 경영 도입은 단지 규모만으로 가능 여부를 판단해서는 안 된다. 기업마다 거래구조 및 고객사의 ESG 경영정책, 나아가 해당 산업의 ESG 연관성을 깊게 따져보고 대처해야만 경쟁력을 갖출 수 있다.

대기업과의 거래기준도 바뀐다

협력업체에 대한 ESG 평가의 실질성

앞에서 대기업과 거래할 때 ESG를 중심으로 한 협력사 평가에 대한 내용을 설명했다. 하지만 아직까지 실무에서 협력사 평가를 할 때 ESG에 대한 미비점이 발견된다 하더라도 계속 이어오던 거래관계를 한순간에 끊는 경우는 거의 없다.

보통 대기업과 중견·중소기업 간의 거래를 유지하기 위해 연중 1~2회 정기적으로 실시하는 협력사 등록평가에서 ESG 적용 여부는 사실상 부수적인 가점·감점 영역에 그치고 만다. 하지만 이렇게 되면 ESG를 반드시 적용해야 한다는 외부의 목소리가 다소 실효성이 떨어진다. 따라서 ESG의 '실질성'을 만들기 위해서는 ESG 평가가 필수요소가 되어야 한다. 하면 좋고 아니면 일부 감점만 되는 기준으로는 흉내만 내는 것이기 때문이다. 이렇게 실질적이지 못한 협력사에 대한 ESG 평가는 글로벌 시장에서 바로 그 실효성에 대한 의문이 뒤따르게 될 것이다. 그렇다면 앞으로는 대기업이 중견·중소기업에 대해 ESG 역량 강화를 위한 각종 지원과 컨설팅을 모색하는 노력이 함께 이루어져야 한다.

탄소국경세 도입의 연쇄효과

기후변화에 대한 행동을 촉구하는 목소리가 커지고, 그 심각성이 피부에 와닿고 있다. 세계 곳곳에서 이상기후 현상이 일어나 하루 만에 기록적인 폭우로 집과 도로가 물에 잠겼다는 뉴스도 많아졌다. 이에 대해 많은 사람들이 세계에서 가장 많은 온실가스를 배출하는 나라인 중국의 탓이 가장 크다고 말한다.

그러나 2000년부터 2018년까지 OECD 국가 중 온실가스 배출량 증가율 1위 국가는 바로 우리나라였다. 단순히 양으로 따지자면 중국, 미국, 인도가 세계에서 가장 큰 온실가스 배출국가이지만, 증가율로 따져본다면 온실가스를 줄이기 위한 노력은 우리가 가장 덜했다는 의미이다.

이러한 가운데 유럽연합(EU)과 미국은 탄소국경세 도입을 고려하고 있다. 유럽연합은 2050년까지 탄소 순배출량 제로, 즉 탄소중립을 달성한다는 목표로 그린딜(European Green Deal) 로드맵을 발표했다. 여기에는 탄소 국경조정 매커니즘(Carbon Border Adjustment Mechanism, CBAM)이 포함되는데, 이는 탄소배출 규제가 약한 국가들의 제품에 탄소국경세를 부과하는 추가관세제도로, 2023년부터 3년간의 계도기간을

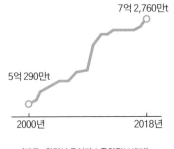

| 한국의 온실가스 배출량 | 온실가스 총배출량 순위 |

7억 2,760만t

5억 290만t

2000년   2018년

(자료 : 환경부 온실가스종합정보센터)

1위	중국	9위	독일
2위	미국	10위	캐나다
3위	인도	11위	대한민국
4위	러시아	12위	멕시코
5위	일본	13위	사우디아라비아
6위	브라질	14위	호주
7위	이란	15위	남아프리카공화국
8위	인도네시아		

(2017년 기준, 자료 : 환경부)

가진 후 2026년 본격 시행된다.

탄소국경세는 유럽연합으로 수출하는 기업이 물품에 포함된 온실가스 총량을 신고하도록 하고, 온실가스 비용을 지불하도록 한다는 내용이다. 대상은 철강, 철, 시멘트, 알루미늄, 전기 및 비료로 시작해 에너지 집약도가 높은 산업으로 확대될 전망이다.

한국은행에 따르면, 유럽연합과 미국이 탄소국경세 도입 시 우리나라의 수출이 연간 0.3~0.6% 감소할 수 있다고 한다. 우리 산업은 특히 탄소집약도가 높기에 수출에 꽤 큰 영향을 받는다. 이처럼 탄소국경세 적용은 곧 수출제품의 가격경쟁력 저하를 가져오고, 주요 교역국에 대한 중간재 수출 감소 등으로 이어지게 된다.

이런 문제는 곧 유럽과 미국을 대상으로 하는 수출기업의 경우 ESG가 단순한 경영 패러다임이 아닌 생존을 가르는 직접적인 요소가 된다.

물론 해당 국가에서 탄소국경세에 직접 영향을 받는 기업은 글로벌 대기업이 될 전망이다. 하지만 그렇다면 그들과 거래하는 국내 대기업이 다시 중견·중소기업 협력사에 대한 탄소 절감 요구로 이어지는 연쇄효과 발생은 당연한 절차가 될 것이기 때문에 ESG는 대기업과의 필수적인 거래조건이 된다.

| EU 탄소배출 과세 분석 |

국가	과세금액	관세율
중국	119.13	2.6%
러시아	64.34	3.9%
미국	35.41	1.1%
인도	24.15	4.6%
터키	15.95	2.0%
한국	10.61	1.9%
일본	7.82	0.8%
노르웨이	7.30	0.9%
스위스	6.95	0.5%

*과세금액은 EU가 이산화탄소 t당 36달러를 부과했을 경우(단위 : 억달러, 자료 : 대외경제정책연구원)

04

1차 협력사가 아니라도 영향권에 든다

RE100(Renewable Energy 100)은 '기업에서 사용하는 전력의 100% 를 2050년까지 재생에너지로 대체하자'는 이니셔티브로, 대체하고자 하는 재생에너지는 태양열·태양광·바이오·풍력·수력·지열 등을 말한다. 영국의 다국적 비영리기구 '더 클라이밋 그룹'에서 시작했다.

RE100에 동참한 기업은 2021년 1월 말 기준으로 미국(51개), 유럽(77개)에 이어, 아시아 기업(24개) 등 총 284곳에 달한다. 애플, 구글 등 30개 기업은 이미 2018년에 100% 목표를 달성했고, 95% 이상 달성한 기업도 45개사이다.

이러한 글로벌 기업의 RE100 참여는 해당 기업에서 제조하는 제품과 서비스에 국한되지 않는다. 글로벌 기업과 거래하는 협력사도 RE100을 달성해야 하는 당사자가 된다. 이에 따라 RE100에 동참하는 국내 대기

RE 100

업도 늘고 있다. 애플과 거래하는 LG화학, 그리고 BMW, 폭스바겐 등 완성차 기업과 거래하는 한화그룹 등이 국내 RE100 참여기업의 첫걸음을 디뎠다.

이런 연결고리는 LG, 한화와 거래하는 주요 중견기업을 대상으로 확대될 것이다. 그렇다면 앞서 보았던 것과 같이 기업의 ESG 평가가 단순히 대기업의 협력사 등록을 하기 위해 또는 유지를 위한 가점을 얻고자 하는 일이 아니라는 뜻이다. 즉, 단순히 ESG 도입 기업이 아니라 실질적인 성과를 창출해야 하는 당사자가 된다는 의미이다.

Part 1에서 알아보았던 기업의 사회·환경적 전과정 평가인 LCA(Life Cycle Assessment)를 다시 떠올려 보자. 글로벌 기업이 각국의 대기업에 RE100 달성을 위한 움직임에 동참할 것을 요구한다면 그들은 당연히 제품, 서비스에 대한 LCA를 수행한다. 원료 조달부터 제품이 만들어져 폐기되는 과정 모두에 사회·환경적 영향을 평가하기 때문에 제품 안에 들어가는 부품 하나까지도 평가대상이 된다. 이 낙수효과는 국내 대기업의 협력사인 중견·중소기업에게 그대로 전달된다.

따라서 이제 우리 기업들도 글로벌 기업만큼은 아니라 하더라도 제품 생산과정에서 사회·환경적 평가를 거쳐 공급사를 선정하고 구매하는 프로세스를 구축해야 한다. 이에 대한 현실적인 방법으로는 구매 평가단계에서 기존에 사용하고 있었던 협력사 낙찰기준에 ESG를 인센티브로 추가하여 반영하는 방법을 쓰게 된다. 그리고 우리는 이미 많은 경험을 통해 단 1점이 가지는 어마어마한 힘을 잘 알고 있다. 대기업이 협력사를 대상으로 실행하는 ESG 평가기준에 대한 배점을 어느 정도로 반영할지는 기업마다 다르다. 그러나 대기업과의 거래를 원하는 중견·중소기업이 단 1점으로 낙찰자가 바뀐다는 사실을 깨닫는 데는 그리 오랜 시간이 걸리지 않을 것이다.

이렇듯 글로벌 기업의 1차 협력사가 아니라 하더라도 ESG 도입에 대한 영향력은 기업의 목전에 다가와 있다. 이 때문에 글로벌 기업과의 직접 거래 여부와 관계없이 ESG를 추구하는 세계적 추세에서 벗어나지 못하는 촘촘한 망이 형성되고 있다.

05

대·중소기업 공정거래 협약

기업이 ESG 경영을 도입하고자 하는 강력한 유인은 자금이다. 그럼 더 깊은 차원에서 ESG가 도입되어야 하는 궁극적인 이유는 무엇일까?

앞에서 설명한 UN 지속가능발전목표(UN SDGs)를 떠올려 보자. UN 지속가능발전목표는 지속가능발전의 이념을 실현하기 위한 전 인류의 공동의 목표이다. 현실적으로 이런 목표를 실행하기 위한 주체는 국가, 글로벌 기업, 대기업 등이 될 수밖에 없다. 그들은 자신들의 비즈니스 영향권에 포함되는 이해관계자의 수가 촘촘한 네트워크를 형성하고 있기 때문이다.

따라서 이 목표를 달성하기 위해서는 글로벌 기업과 국내 대기업의 경우 더욱 그 주체로서 역할을 다할 필요가 있다. 그들의 협력사, 또 그 협력사의 협력사 등의 수가 많고, 그 중견·중소기업을 직접 '목표행동자'로 만들 수 있는 영향력을 가지고 있기 때문이다.

이런 대기업과 중소기업 간의 관계에 대해 우리나라에서 성공적으로 뿌리내린 제도가 있다. 바로 공정거래위원회에서 실행하는 '대·중소기업 간 공정거래 협약'이다. 이 협약은 대기업과 중소협력사 간에 체결하는 것으로, 대기업이 중소기업을 대상으로 각종 지원을 제공하고 중소기업과 동반성장하기 위한 각종 프로그램을 실행하는 것을 골자로 한다.

공정거래위원회가 협약의 주요 원칙과 내용을 수립하며, 평가는 공정위와 동반성장위원회가 기업별 이행사항을 점검하여 동반성장지수를 부여한다. 이 평가 결과에 따라 최우수, 우수, 양호, 보통, 미흡으로 등급을 부여하여 직권조사 면제 등의 인센티브를 제공한다.

동반성장지수는 매출액 상위 기업 중에서 평가에 따라 파급효과가 큰 기업을 선정하여 이행하도록 하고 있는데, 동반성장지수를 도입하도록 지정된 기업이 아니어도 많은 대기업에서 자발적으로 이를 도입하고 있다. 협약의 주요내용은 공정한 계약 체결 및 이행, 법 위반 예방 및 법 준수 노력을 위한 사항, 상생협력 지원사항, 2차 이하 협력사 지원을 위한 사항, 원물 생산자 지원을 위한 사항, 대리점 지원을 위한 사항 등이 있다.

이처럼 공정거래 협약은 대기업이 많은 중소협력사에 강력한 영향력을 끼친다는 점에서 그동안 대기업이 협력사에 해왔던 잘못된 관행을 정정하고 고도화하는 항목으로 구성되어 있다. 협약에서 추구하는 내용은 대부분 ESG의 사회영역과 동일하거나 유사하다.

이런 제도가 마련되어 계속 실행되고 있는 이유는 대기업으로부터의 낙수효과 때문이다. 결국 대기업이 협력사를 대상으로 사회적 책임을 다하도록 거래활동을 도모하고, 나아가 그들이 더 좋은 경영환경과 생산환경을 조성할 수 있도록 돕고자 하는 것이다. 협약을 통한 가장 긍정적인 평가는 중소기업의 가장 큰 애로사항이었던 대금 지급문제 해결이다. 실제로 협약의 수혜사업자가 크게 늘고 있고, 이로 인해 애로사항을 해결했다는 중소기업의 수도 빠르게 증가하고 있다.

이에 더해 1차 협력사가 그 이하의 협력사에도 사회적 책임을 다하는 경영활동을 하도록 1·2차 협력사 간 협약을 맺게 하는 이행사항도 포함되어 있다. 1차 협력사가 대기업으로부터 받는 수혜를 2차 협력사에도 제공하도록 해 어음 결제를 줄이고 현금 결제를 유도하는 등의 선순환 구조를 만들겠다는 것이다.

이 또한 ESG 경영에서 필수적으로 행해야 하는 일 중 하나이기 때문에 협약 이행은 ESG 경영 수준을 충족시킨다는 의미가 되므로 일석이조이다.

| 중소기업의 가장 큰 애로사항인 대금 미지급 문제 해결 |

<상생 결제금액>

<하도급 직불제를 통한 대금 결제액>
4.4배 ⇧ 43.4조원
45조원
30조원
15조원
9.8조원
0
2017년   2020년

<상생 결제금액>
28% ⇧
119.8조
93.6조
2017년   2020년

<미지급대금 구제금액>
2017년 1,989억원
2018년 2,265억원
2019년 1,878억원
2020년 1,836억원
합계   7,968억원

ESG의 사회영역(S)에서는 협력사와의 거래와 관련된 국제표준이 있다. 협력사와 거래 시 부패를 방지하기 위한 노력을 기울이고, 협력사를 대상으로 권리를 침해하지 않고 공정한 거래를 할 수 있도록 하자는 내용이다.

이 미션을 달성하기 위해서는 세부적인 프로그램을 마련해야 하는데, 실무자 입장에서는 그 프로그램을 기획하고 실행하는 것이 참 어렵다. 이때 공정거래 협약을 이용해 보도록 하자.

공정거래위원회가 고시한 '대·중소기업 간 공정거래 협약 이행평가 등에 관한 기준'*에는 ESG 국제표준 중 협력사와의 건강한 거래관계를 만들기 위한 프로그램이 제시되어 있다. 협약은 크게 '① 공정한 계약 체결·이행 ② 법 위반 예방 및 법 준수 노력 ③ 상생협력 지원사항'으로 구성된다.

이 중 '① 공정한 계약 체결·이행'을 대표적으로 설명하면, 이는 협력사를 선정 및 취소하는 과정에서 공정성을 어떻게 보장하고 있는지를 묻는 기준이다. 또 협력사와의 거래 시 법에 따른 올바른 계약서를 사용하고 있는지, 그리고 그 내용에 포함되어야 할 것은 무엇인지 상세한 항목으로 제시하고 있다.

<**서면계약의 충실성, 공정성을 위해 갖추어야 하는 사항**>

2. 협력사의 권익증진을 위한 조항 명시 여부

　가. 기술자료 제공을 요구할 수 있는 요건 및 범위

　　…… 부당하게 기술을 뺏는 경우를 방지하기 위함

　나. 단가조정신청 및 협의절차

　　……제품/서비스의 가격이 조정되어야 할 때 협의할 수 있도록 함

(생략)

　라. 납품과정에서 소요되는 각종 비용(운송비, 검사비용 등)의 부담 주체

　　…… 각종 비용을 협력사에 부담하지 않도록 주체를 정하도록 함

이러한 공정거래 협약과 같이 '한국형 ESG'를 실천할 수 있는 제도를 먼저 찾아보고, 해당 내용을 사내 프로그램으로 채택하여 경영수준을 높이는 기준으로 사용할 수 있다.

＊ 대·중소기업간 공정거래협약 이행평가 등에 관한 기준

Environment

Society

Governance

Part 3

ESG 비즈니스 모델링 및 경영체계 수립

1장

ESG를 반영한
비즈니스 모델링

01
우리 사업 속 영향고리 파악하기

사회 균형성 : 누가 소외되고 있는가?

ESG가 기업경영의 보편적인 가치가 되도록 촉구하는 목소리가 높아지는 근본 이유 중 하나는 건강한 사회를 만들기 위해서이다. 우리가 이렇게 발전된 시대에 살고 있다 하더라도 누군가는 소외되는 현실 속에서 살고 있다. 개발에 집중하던 과거의 사고방식을 아직도 고집하며 사는 사람들이 있기 때문이다. 이런 관점에서 ESG 경영과 비즈니스를 위해 무엇을 해야 할지 고민하고 있다면, 더 넓은 차원에서 우리 사업의 영향성을 생각해 보도록 하자.

먼저 우리의 사업으로 인해 누가, 어떠한 방식으로 영향을 받는지 생각해야 한다. 기업을 둘러싼 직접적인 이해관계자로 인식한 대상만이 아니라 간접 영향권에 있는 사람들이 누구인지 고려해 보는 것이다. 이는 성인들이 일상에서 겪는 생각의 발전양상 속에서 힌트를 찾을 수 있다. 많은 사람들은 균형 잡힌 사회가 되기를 바라고, 그에 맞춰 행동하기 위해 노력한다. 그 과정에서 사회 불균형성은 다음의 두 가지 유형으로 만나게 된다.

첫째, '내가 소외되고 있었다'는 사실이다. 나는 누리지 못하고 있었는데 대다수의 사람들은 누리고 있었다는 사실을 깨닫는 순간 우리는 사회의 불균형성을 보게 된다. 이 과정에서 기업의 책임이 무엇인지 깨닫게 되는 것이다.

예를 들어 일자리 문제, 경제 양극화, 안전 문제 등이다. 청년들의 일자리가 부족하다는 사실은 예전부터 있었던 문제였다. 그러나 취업을 준비하는 사람에게는 이 문제가 다르게 보인다. 그런 상황에서 일자리를 늘리기 위해 노력하는 기업과 그렇지 않은 기업을 구분하는 눈이 생긴다. 그래서 무작정 입사 지원을 하는 것이 아니라 일자리 창출을 위해 노력하는 기업에 취업을 준비한다. 여성, 중장년층, 노인, 장애인 등 양질의 일자리가 부족한 계층을 위해 일자리 창출 노력을 꾸준히 하는 기업도 마찬가지다. 이러한 사회 불균형성 개선을 위해 노력하는 기업은 팬이 생기고, 나아가 매출에도 점차 영향을 미치게 된다. 이 관점에서 우리 회사가 젊은 사람들을 향해서만 일자리를 창출하고 있는 불균형성을 지니고 있는가에 대한 질문도 필요하다.

또 다른 사례는 안전한 작업환경의 보장이다. 우리는 그동안 불완전한 작업환경 속에 놓인 수많은 근로자를 보아왔다. 그리고 그들이 다치거나 현장에서 생을 마감했다는 뉴스도 이제는 익숙하다. 그러나 최근 몇 년간 이 문제를 해결하기 위한 기업의 의지에 대해서는 긍정적인 답변을 하기 어렵다. 그런데 문제는 이러한 사고가 지속되고 있음에도 불구하고 사람들은 크게 주목하지 않는다는 사실이다. 당장 나한테 또는 내 주위의 일이 아니기 때문이다.

고등학교 때부터 체계적으로 교육을 받아 현장 기술직이 된 젊은이들이 배출되었다. 그러나 현장 안전은 그대로였다. 직장에서 이른 은퇴를 하고 현장직에서 일하는 중년층도 늘고 있다. 하지만 안전이 불안한 현장은 그대로였다. 현장으로 유입되는 사람들이 늘어날수록 안전 문제가 개인의 문제가 아니라 기업이 제대로 된 환경을 만들지 않아 '안전한 작업환경'에서 자신들이 소외되고 있다는 점을 인식한다. 사람들은 작업환경의 위험이 나에게도 해당될 수 있다는 현실을 깨닫게 된 것이다.

둘째, '나는 누리고 있었는데 당신은 그러지 못하고 있었다'라는 사실을 깨달으며 마주한 현실을 바라보게 되었을 때이다. 시대가치와 소비문화가 변하고 있지만 아직도 보수성을 유지하는 기업들 때문에 결국 우리 사회의 누군가를 소외시키고 있는 것이다. 동물복지 측면에서 살펴보자.

미디어는 우리가 즐겨 먹는 닭과 계란이 우리 식탁에 오기 전 과정에 대한 궁금함을 풀어줬다. 몸을 제대로 움직일 수 없는 좁디좁은 닭장 안에서 평생 제대로 걸어보는 자유를 느껴보지도 못하고 계란만 낳는 기계처럼 취급되는 닭의 모습, 닭가슴살에 대한 수요가 증가하면서 가슴에

살이 더 많이 찌도록 품종이 개량되어 다리가 휜 닭의 모습… 그것을 눈으로 확인한 소비자들은 이전과 같이 계란과 닭고기를 즐겁게 먹을 수 있을까? 나는 충분한 공간에서 편안하게 삶을 살지만, 나의 소비로 인해 누군가는 그렇지 못하고 있다는 사실을 깨닫는 순간 소비자들은 행동한다.

2018년 농림축산식품부는 동물보호 국민의식조사를 했다. '더 비싸더라도 동물복지 인증 축산물을 구매할 의향이 있다'라고 답한 응답자는 10명 중 6명이었다. 미국에서도 같은 해 '더 비싸도 윤리적으로 생산된 제품을 구매할 의향이 있다'라고 답한 비율이 67%였다.

이처럼 시장의 변화에 맞추어 제품과 서비스를 변화하지 않는다면 기업의 지속성은 과연 보장될 수 있을까? 사회의 불균형성이 고착화된다고 해서 시장환경이 변화하지 않는 것은 아니다. 돌아보면 동일 산업에서 빠르게 변화에 적응한 비즈니스 모델을 갖춘 경쟁사가 반드시 나타난다. 경쟁사가 나타난다는 것은 또 다른 변화된 비즈니스 모델을 갖춘 제2, 제3의 경쟁사가 나타나기 직전이라는 사실을 의미한다.

무엇이 우리 비즈니스의 속성인가를 파악하는 작업은 의외로 그 회사의 임직원들이 가장 늦게 알아차리는 경우가 많다. 우리 비즈니스의 사회적 영향고리를 파악하는 환경분석 작업이 필요한 시점이다.

환경 : 나는 가해자일까? 피해자일까?

우리는 오늘 아침에 알람에 맞춰 눈을 떴다. 욕실로 이동해 자연스럽게 미세플라스틱이 든 샴푸로 머리를 감았다. 그리고 저녁에는 미세플라스틱을 먹은 참치로 김치찌개를 끓였다.

미세플라스틱은 하수처리장을 통해 하천으로 방류되고 다시 바다로 흘러간다. 바닷속 생물들은 그것을 먹이로 착각하고 먹는다. 한 과학자가 시중에 유통되고 있는 참치캔 하나를 따서 현미경으로 관찰했더니 참치 살 사이로 여러 조각의 플라스틱이 발견되었다. 우리 몸에 들어간 미세플라스틱의 90%는 빠져나온다고 한다. 그러나 늦게 빠지거나 빠져나오지 못한 10%가 독성을 일으켜 각종 질병을 일으키는 원인 중 하나로 지목되고 있다.

그렇다면 미세플라스틱을 사용해 샴푸를 만든 기업이 가해자일까? 그것을 경각심 없이 쓰고 있는 소비자가 가해자일까? 미세플라스틱이 든 참치캔에 대해 제품안전 측면을 놓친 기업은 억울한 피해자이기만 할까? 또 그것을 먹은 우리는 피해자라고만 할 수 있을까?

지구에 생태계 시스템이 있듯 우리도 삶의 사이클이 있다. 우리가 만들어 낸 환경오염은 다시 우리 생활 속으로 되돌아오고 있다. 이전에는 그러한 오염을 만들어 낸 원인이 기업에 있다고 생각했지만, 지금은 그것을 소비한 소비자에게도 책임이 있음을 알고 있다.

이런 대중의 인식이 확산됨에 따라 미세플라스틱을 쓰지 않은 세제, 생분해 패키지를 쓴 제품, 플라스틱 통에 담지 않아도 되는 비누 타입의 주방세제 등이 속속 출시되고 있다. 2001년 기준 1.5조원에 불과했던 친환경 소비시장은 2020년 기준 30조원 규모로 커졌다. 새로운 시장이

| 친환경 소비 규모 |

1.5조원
2001년

16조원
2010년

30조원
2020년

(자료 : 2001년, 2010년은 환경부, 2020년은 업계 · 학계 추산)

열리고 있는 것이다.

　이러한 보존과 사용 측면의 지속가능성에 대한 책임이 새로운 비즈니스를 창조하는 원동력이 되었음을 깨닫는 기업이 늘어나고 있다. 기업이 만드는 제품과 서비스가 우리의 삶에서 어떻게 서로 영향고리를 만들어 순환하고 있는지를 파악하면 ESG 기준으로 새로운 시장을 만들 기회는 무궁무진해질 것이다.

---

5. 미국 컬리너리 비전 패널, 2018

02
ESG 비즈니스 모델을 만드는 절차

ESG 경영에 대한 필요성을 충분히 깨달았다면 비즈니스 모델의 지속성에 대해 생각해야 한다. 지속가능한 기업이 되기 위해서는 사회·환경적 영향뿐만 아니라 비즈니스 모델 그 자체도 시장이 추구하는 변화한 가치에 맞게 부응해야 하기 때문이다.

그럼, 이제 비즈니스 모델의 변화 방향성에 대해 생각해 보고, 다양한 아이디어를 도출하는 방법을 설명한다.

| STEP 1 | 비즈니스 내 사회·환경 영향을 분석하기

먼저 회사의 비즈니스 구조가 어떻게 구성되어 있는지 파악한다. 그리고 그 비즈니스 영향권 안에서 직접 상호작용하는 이해관계자가 누구인지 찾아본다. 그들 중 기업의 비즈니스 모델로 인해 긍정적 혹은 부정적인 영향을 받는 경우가 있는지 분석한다.

예를 들어 고객이 제품을 사용하면서 환경에 부정적인 영향을 끼치는지, 유통채널에서 발생하는 부정적인 영향이 통제되지 못하고 계속 유지되는지 등을 검토해 본다.

고객이 제품을 사용하면서 직접 환경에 부정적인 영향을 끼치는 비즈니스는 우리 일상 전반에 걸쳐져 있다. 우리 생활에서 사용하는 모든 일회용품, 자동차를 운전하며 사용하는 휘발유와 그로 인한 배기가스, 너무 많이 버려지는 육류 음식물 쓰레기 등 환경영향을 미치는 요소는 다양하다. 여기서 문제는 고객들이 환경에 부정적인 영향을 끼치는 직접적인 주체가 자기 자신이라는 점을 알아차릴 때이다. 기업은 제품을 만들고 출하한 후로는 환경책임이 더 이상 자신들에게 없다고 생각할 수 있다. 그러나 제품의 환경영향은 생산과정에서뿐만 아니라 고객이 그것을 사용하는 순간부터 또 다른 양상으로 발생한다. 그래서 누가 환경에 악역이 되는가에 대해 고민하는 고객이 많아지면 ESG 측면에서 기업은 기존보다 리스크에 대한 인식을 확장해야 한다.

사회 측면에서는 조금 더 민감한 문제가 있을 수 있다. 고객이 제품을 구매하기까지 거쳐 오는 유통채널의 성격과 상품 자체가 갖는 사회적 영향력도 비즈니스 모델 영역에서 파악해 봐야 한다. 코로나19로 급격하게 늘어난 음식배달 시장의 경우를 살펴보자. 비즈니스 모델은 간단하다. 고객이 음식을 주문하면 배달기사가 매장에서 픽업해 고객에게 전달한다. 그러나 이 과정에서 오토바이를 이용하는 배달기사가 다치거나 심

하면 사망에 이를 수도 있는 리스크가 있다. 즉, 비즈니스 모델 내에 노동자의 '안전' '생명'에 대한 부정적인 영향을 끼칠 수 있는 여지가 있는 것이다.

유통과정의 경우는 농산물을 예로 들어보자. 농부들이 오랜 시간 동안 농작물을 길러 그에 대한 수익을 내야 하지만 중간 유통업자가 너무 많은 이익을 남기고 정작 농부들에게는 터무니없는 돈이 주어진다. 이런 유통과정에서 발생하는 유통마진의 폐단은 전부터 지적되던 일이다. 그래서 농산물 판매 비즈니스에는 원 생산자에 대한 이익 분배의 불공정성이 포함되어 있다.

이렇게 기업의 비즈니스 모델이 사회·환경적인 영역에서 부정적인 영향을 끼칠 수 있는 여지가 없는지 파악해 봐야 한다. 이 과정에서 리스크를 없애며 비즈니스 모델의 불완전성을 개선하는 방법을 발견할 수 있기 때문이다.

| STEP 2 | 더 깊게 가치사슬을 파악해 보기

비즈니스를 실현하기 위해 필수적으로 갖추어야 하는 구성요소들을 파악했다면 더 넓은 개념으로 확장해 보자. 기업의 제품이나 서비스가 생산되어 소비자의 구매로 이어지기까지 관련된 모든 프로세스의 영향과 연결고리, 즉 가치사슬(Value Chain)을 분석한다. 그리고 회사의 비즈니스로 인해 가치사슬 구성원 중 누군가 소외되고 있지는 않은지 검토해 본다.

예를 들어 발전소에서 전기가 만들어져 사업장·가정 등으로 공급되는 경우 전기 사용에 제한을 받는 소외그룹이 있는지 찾아보는 것이다. '자선' 측면에서는 사업장이 있는 지역사회, 그중 각종 생활 인프라가 낙후된 마을 등을 선정하여 지역주민을 대상으로 일자리 제공, 인프라 개선사업 등 사회적 측면에서 긍정적 영향을 만들고, 나아가 그들과 함께 이익을 나눌 방법으로 고도화를 이룰 수 있다.

| STEP 3 | 필연적인 문제와 모순에서 힌트 얻기

경제·사회·환경적으로 그 산업에 속해 있는 모든 제품과 서비스가 가진 원천적인 한계점을 분석해 본다. 제품을 생산하는 과정에서 반드시 일어날 수밖에 없는 사회·환경적 영향성 또는 소비자가 그 제품을 사용하는 과정 또는 후에 발생하는 영향성을 분석해 보는 것이다.

예를 들어 세제를 사용하게 되면 수질오염을 일으키는 원인이 되고, 식당에서는 필연적으로 음식물 쓰레기를 배출할 수밖에 없다. 이렇게 소비에 따라 반드시 발생하는 문제를 근본적으로 또는 부분적으로 해결할 방법을 찾아 비즈니스 모델 자체에 적용해 본다.

세제로 인한 수질오염이 원인이라면 세제의 원료가 되는 화학물질을 줄일 수 있는 설비 등으로 과감하게 교체하거나, 거품을 나게 하는 계면 활성제를 최소화한 신제품을 출시할 수 있다. 음식물 쓰레기를 최소화하기 위해서는 메뉴별로 무게나 접시 수로 가격을 책정하는 방법으로 레스토랑 운영방식을 개선할 수 있다.

이렇게 어떤 문제가 사회·환경적 측면의 가장 큰 원인인지 분석해 보고, 그 문제를 제거하는 방식의 비즈니스 모델로 재구축이 가능하다.

사회·환경적 측면을 고려한 비즈니스 모델 재구축에 도움되는 질문들

1) 사회·환경적 문제분석과 시장형성 가능성
- 누가 그 문제로부터 피해를 받는가?
- 그 규모는 어느 정도인가?
- 그 문제를 해결하고자 하는 사람들의 집단 규모는 어느 정도인가?
- 그 문제를 해결하는 데 동참할 수 있다고 생각하는 사람들의 규모는 시장을 형성할 수 있는 수준인가?

2) 고객분석 측면과 시장형성 가능성
- 고객이 될 수 있는 사람들의 유형은 어떠한가?
- 그 제품·서비스를 왜 필요로 하는가?
- 고객군은 그 제품·서비스를 구매하고 소비하는데 사회·환경적 영향에 대해 이해하고 있는가? 그 규모는 어느 정도로 큰가?

ESG 비즈니스 모델로 만든 새로운 수익구조

많은 사람들이 사회·환경적으로 영향을 미치는 활동을 비즈니스로 만들어 내는 과정이 ESG 프로그램이라고 생각한다. 물론 사회적 가치나 환경적 가치를 담은 프로그램 활동은 대외홍보활동 측면에서 효과적이다. 그러나 장기적으로 보자면 '사회·환경 프로그램'을 도입하는 것만으로는 ESG 경영을 추진하고 있다고 평가하기는 어렵다.

ESG 경영이 장기적으로 기업의 가치를 향상시키는 전략이라는 의미를 되새겨 볼 때, 결국 기업이 나아가야 할 방향은 경영체계의 고도화를 넘어 비즈니스 모델 자체에 변화를 주어야 한다. 이런 점에서 ESG 비즈니스라는 개념 자체가 모호하고, 또 ESG 경영 도입이라는 단기적 숙제부터 해야 하는 기업들에게 ESG 비즈니스 모델 도입은 먼 일 같이 느껴진다.

그럼 사회·환경적 가치를 비즈니스 모델 자체에 포함하여 새로운 수익을 창출하는 방법에 대해 필자가 기획한 ESG 비즈니스 모델링 사례를 통해 소개해 보겠다.

일자리 창출형 비즈니스 모델

A지역에서 생활편의서비스를 제공하는 대표자로부터 컨설팅 의뢰를 받았다. 그 기업은 세탁서비스를 제공하기 위한 대형 인프라를 갖추고 있었으나 인프라에 투자한 만큼 수익이 나지 않는다고 했다.

인근 지역을 분석해 보니 50~60대가 많이 거주하는 특징이 있었다. 이들은 고객이라는 이해관계자이지만, 동시에 직업을 갖고자 하는 니즈가 있는 구직자이기도 했다. 이들을 고객인 동시에 비즈니스에 편입시켜 수익구조를 O2O 방식으로 개편했다.

50~60대는 충분히 일할 수 있는 나이지만 일자리는 점점 줄어들고 있다. 그래서 이 프로젝트에서는 시니어 일자리를 창출할 수 있도록 세탁물의 배달·수거 등을 하는 단기 배달사원으로 50~60대의 사람들을 모집했다.

기업은 고객이 편리하게 동네 마트에 세탁물을 맡길 수 있도록 여러 곳에 접수처를 만들었다. 마트에는 접수기능을 대신해 주는 조건으로 수수료를 지급하고, 고객은 외출하는 길에 앱으로 접수한 후 인근 마트에 세탁물을 맡기면 된다. 그리고 50~60대 시니어 분들은 일정 시간에 마트에 들러 세탁물을 수거해 센터에 가져다 주고, 또 완료된 세탁물을 동

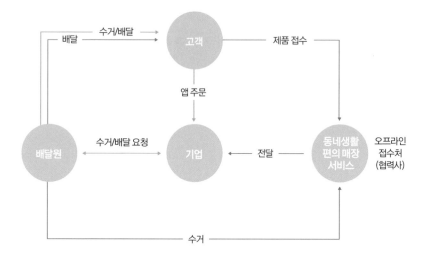

네의 고객들에게 전달해 주는 역할을 한다.

기업은 이 비즈니스를 통해 지역사회와의 상생을 도모할 수 있었고, 결과적으로 매출도 크게 늘었다.

정보 불균형 개선형 비즈니스 모델

두 번째 사례는 예술 인재 육성과 관련한 비즈니스 모델이다. 예술 인재를 육성하려면 막대한 비용과 정보력이 필요하다. 특히 입시영역에서는 재능이 있어도 여러 가지 제약으로 인해 교육을 받지 못하는 불균형이 있어 시장이 형성되는 데 한계가 있었다. 이 문제를 해결하고 동시에 예술교육 영역에서 시장형성이 가능하도록 비즈니스 모델을 수립해 보았다.

학습자가 원하는 수준의 클래스와 강사를 선택하여 1:1 진단을 받고 솔루션을 제공하는 비대면 플랫폼을 마련했다. 이 비즈니스 모델을 통해 일자리가 부족한 강사들에게 시간과 공간의 제약 없이 다양한 수업의 기회가 제공되어 더 많은 수익을 올릴 수 있는 장이 형성되었다.

비대면 서비스가 일상화된 시대를 맞이하며 그동안 견고한 벽을 지켰던 예술교육 산업도 모두 그 실체 없는 권위를 벗어야 한다. 다행히 예술 영역에서도 무조건 비싸야 좋은 것이라는 생각이 깨지고 있고, 교육비의 현실화와 동시에 대학 졸업과 동시에 실직자가 되는 많은 예술인에게 또 다른 사회진출 기회를 마련할 수 있는 창구가 되어 사회영역의 가치를 극대화할 수 있었다.

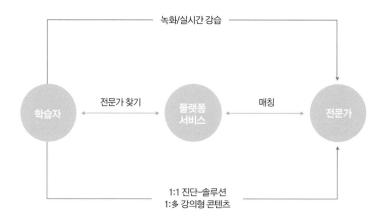

2장

ESG 경영체계
수립

ESG 경영체계 수립 A to Z

ESG 경영을 하는 이유는 광범위한 이해관계자들의 요구를 충족시키면서 동시에 이익을 창출하는 전략이 실제로 가능하기 때문이다. 두 마리 토끼를 다 잡는 것이 가능한가에 대한 오래된 의문에 대해 그동안 많은 기업에서 그 성과를 통해 입증해 왔다. 그래서 ESG가 투자 관점에서 충분히 성공적인 경영전략임을 알게 된 투자자들의 더 적극적인 요구가 반영되었다.

즉, ESG 경영은 결국 주주가치를 증가시킬 수 있는 전략이다. 반대로 말하면 ESG 경영은 주주가치를 감소시킬 수 있는 모든 리스크에 대한 합리적인 대비체제를 갖추는 전략이다. 다양한 이해관계자를 고려하는 전략은 곧 그들이 요구하는 사안들이 실현되지 않았을 때 리스크가 되어 기업에 큰 손해를 끼친다는 점에서 필요하다는 의미가 된다. 그래서

ESG 경영은 조직의 목표를 달성하는 데 영향을 줄 수 있는 미래의 불확실한 사건들을 최소화하고, 그 속에서 발견한 기회를 기업가치 증대에 집중해야 한다.

ESG의 대상 범위

그렇다면 ESG를 도입할 때 경영 고도화를 이루어야 하는 대상이 되는 업무는 무엇일까?

먼저, 기업의 의사결정을 하는 주체가 누구인지 범위를 정해야 한다. 소규모 기업의 경우 CEO가 거의 모든 권한을 가지고 있고, 중규모 이상의 기업이라면 경영진과 이사회, CEO가 권한을 나누어 의사결정을 하는 체계를 가지고 있을 것이다.

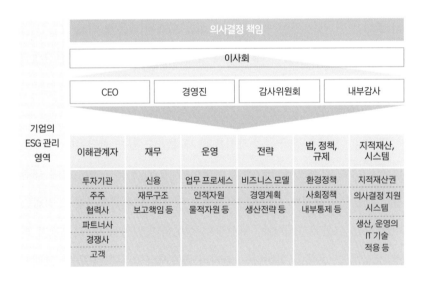

의사결정 책임			
이사회			
CEO	경영진	감사위원회	내부감사

기업의 ESG 관리 영역					
이해관계자	재무	운영	전략	법, 정책, 규제	지적재산, 시스템
투자기관	신용	업무 프로세스	비즈니스 모델	환경정책	지적재산권
주주	재무구조	인적자원	경영계획	사회정책	의사결정 지원 시스템
협력사	보고책임 등	물적자원 등	생산전략 등	내부통제 등	
파트너사					생산, 운영의 IT 기술 적용 등
경쟁사					
고객					

이때 만약 기업 규모가 작지 않은데도 의사결정 과정에 역할과 권한이 명확하게 나누어져 있지 않다면 지배구조를 올바르게 세우는 작업이 ESG 경영의 중요한 과제가 된다.

지배구조는 이사회에서 결정한 사안들이 경영진과 사내위원회를 통해 전달되고, 그것이 실무부서에서 실현될 수 있도록 견고한 체계를 갖추도록 해야 한다. 그 모든 의사결정이 이해관계자, 재무, 운영, 전략, 법·정책·규제, 지적재산·시스템 등에 반영되도록 하면 견고한 사이클이 구축된다. 이때 회사의 업무별로 ESG 가치가 반영된 정책, 전략, 운영방법, 업무 프로세스가 마련되어 있어야 한다. 그럼, 그 업무를 어떻게 만들어야 할지에 대해 자세히 살펴보도록 하겠다.

메가 프로세스

ESG 경영을 도입하는 절차는 크게 3가지 단계로 구분된다.

| STEP 1 | WHO, 우리는 누구인가?

첫 단계는 우리가 누구인지 스스로 규명해 보는 작업이다. 기업이 정체성에 대해 검토하고 업(業)의 특성을 파악해 보는 것이다. 다시 말해 기업이 스스로 인식하고 있는 기업의 정체성과 이해관계자의 시선에서 기업을 바라보는 복합성을 고려하여 기업의 현 위치를 분석한다.

그리고 이해관계자별로 회사에 대한 니즈와 그 니즈를 충족시키는 활동을 하지 않았을 때 발생하는 리스크가 무엇인지 파악해 본다.

| STEP 2 | WHY, 우리는 왜 ESG 경영을 해야 하는가?

ESG 경영이 필요하다는 외부의 목소리가 점점 높아지고 있음을 깨닫고, 경영진에서 ESG를 도입해야 한다는 대략적인 의식도 갖춰진 기업이 많다. 그러나 실제 문제로 닥치지 않는 한 기업은 여전히 ESG 경영을 왜 해야 하는지 납득하지 못한다.

하지만 민첩하게 변화를 받아들이는 기업은 이미 ESG 경영 도입을 위한 합리적인 방법을 확보하기 위해 노력 중이다. 그리고 이에 앞서 기업의 모든 구성원이 참여해 ESG 경영 도입에 대한 필요성을 논의하는 과정을 거치고 있다.

실무적인 입장에서는 당연히 업무적 부담감이 높아진다는 이유로 반대자가 나타날 수밖에 없다. 또 비즈니스 영역을 더 넓히고 싶지 않은 기업의 경우라면 이 과정에서 경영전략을 변화해야 할 필요가 없다는 결론을 낼 수도 있다. 하지만 이 경우에도 경영진은 구성원 모두가 참여하는 전문 교육을 통해 ESG 경영 도입에 대한 필요성을 제대로 인식시켜야 한다.

만약 외부 시장환경에 민감하게 반응하는 제품과 서비스를 만들고 있는 기업이라면 더욱 강력한 동기부여를 통해 구성원들의 마인드 변화를 촉구해야 한다.

| **STEP 3** | **WHERE, 우리는 어느 방향으로 가야 하는가?**

ESG 경영을 도입해야 한다는 내부합의가 완료되었다면 이제 방향성에 대한 논의가 이어져야 한다.

비즈니스의 지속성을 확보하기 위한 방향은 다양하다. 사업 아이템과 비즈니스 모델 등은 그대로 유지하되 경영체계만 ESG 기준에 맞추어 고도화를 꾀할 수도 있다. 또는 사업이 사회·환경적 이슈와 전면적으로 충돌해 가까운 미래에 안정적인 수익을 낼 수 없다고 판단한다면 ESG 기준을 충족시키는 새로운 사업 아이템을 찾아 대대적인 변화도 고려해야 한다.

이 단계를 통해 어떠한 방향으로 가야 할지 내부 검토와 외부 이해관계자의 니즈가 일치하는 지점을 찾아 기업의 미래 방향성을 찾아야 한다.

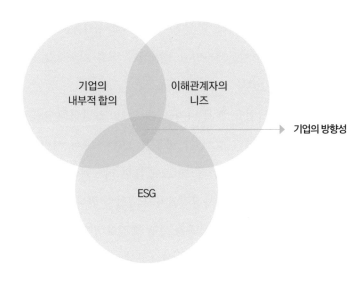

이해관계자 파악하기

이해관계자를 왜 파악해야 하는가

기업이 ESG 경영을 도입할 때 가장 중요한 일 중 하나가 우리의 이해관계자를 확인하는 것이다. 앞서 SPICEE(사회, 협력사, 투자자, 고객, 직원, 환경)를 대표적인 이해관계자라고 설명했다. 이를 기준으로 회사의 이해관계자를 파악해 보자.

이해관계자는 사업을 펼쳐 나가는 데 있어 그 범위를 결정하는 기준이 된다. 그들은 사업 일정, 원가, 품질은 물론 제품과 서비스를 구축하는 데 필요한 정보를 제공한다. 또 그에 대한 피드백을 제공하는 주체도 이해관계자들이며, 때론 의사결정권자의 역할도 한다.

이전까지 기업은 사업 아이템을 어떤 품질로 만들 것인가, 어떤 고객을 향해 마케팅할 것인가와 같은 업무범위를 예산을 기준으로 판단해

왔다. 그런데 예산 내에서 추진 가능한 사업을 했지만 실패하는 사례가 무척 많았다. 그 이유는 바로 이해관계자를 제대로 파악하지 못했기 때문이다.

코로나19 시대가 시작되면서 화장품 브랜드들은 깊은 침체를 맞았다. 로드샵 브랜드는 물론이고 백화점, 면세점에서 만나볼 수 있었던 명품 브랜드도 마찬가지였다. 온종일 마스크를 쓰고 생활해야 했기 때문에 여성들은 화장할 필요가 없음을 느꼈고, 이에 메이크업 제품들의 매출은 뚝 떨어졌다.

반대로 마스크로 인한 접촉성 피부염 때문에 피부 트러블로 고민이 많아진 고객이 늘어 기초 화장품에 관한 관심은 늘었다. 또 성분의 안전성을 중요하게 생각하는 '클린 뷰티'를 추구하는 소비자가 늘었다.

고객의 변화에 맞추지 못한 일부 화장품 브랜드는 메이크업 제품 라인을 강화하거나 기존 제품에서 별다른 변화없이 영업했거나 할인을 하는 정도의 시도를 할 뿐이었다. 결과는 당연히 마이너스의 매출을 가리

| 코로나 시대 화장품 트렌드 - 색조 대신 보습 |

2019년 3월 대비 2020년 3월 색조 화장품 소비 증감

색조
아이메이크업 -11
립스틱 -21
블러셔/볼터치 -9
파운데이션 -18

보습
핸드크림 14
핸드/풋케어 127
핸드/풋마스크팩 28
에센스/세럼/오일 126
로션/에멀전 34
스킨케어 세트 29

(단위 : %, 전년 동기 대비 판매증가율, 자료 : G마켓, 2/23~3/23)

켰다. 이런 현상은 기존처럼 예산 내에서 진행 가능한 업무를 기준으로 판단했기 때문이다.

이해관계자를 제대로 파악하지 못했다는 의미는 대부분 사업에 대한 기준을 고객에게만 집중했다는 뜻이다. 시장을 형성하는 이해관계자는 고객이 중심이기는 하지만, 사업이 진행되도록 하는 데에는 SPICEE를 비롯해 다양한 이해관계자의 참여가 필요하다.

예를 들어 고객을 철저하게 분석했다 하더라도 주주가 원하지 않는다면 사업을 밀어붙일 동력을 잃게 된다. 가장 안타까운 경우는 법률이나 정부 정책에 대한 분석이 부족해 많은 고객을 확보하여 수익을 창출하기 시작한 후에 사업이 좌초되는 경우다. 모빌리티 서비스 '타다'와 같은 경우가 그러했다. 여객자동차운수사업법과 관련해 택시업계와 부딪히면서 결국 사업의 속성이 위법이라는 판결로 이어져 폐업절차를 밟았다.

이처럼 사업의 이해관계자를 식별하는 분석과정은 무척이나 중요하고, 사업의 존폐를 가를 수 있는 중대함을 지니고 있다. 그래서 이해관계자 식별은 사업의 준비단계에서 성장단계까지 언제 그들이 사업에 영향을 끼칠 것인지 미리 파악해 두어야 하는 필수적인 일이다.

이해관계자 식별부터 관리까지

Step 1 이해관계자 식별하기	Step 2 이해관계자 리스트 만들기	Step 3 영향 정도 파악하기	Step 4 인터뷰하기	Step 5 경영전략 적용 수준 판단하기

| STEP 1 | 이해관계자 식별하기

먼저, 최근 3년간 우리 회사의 경영활동과 실적을 분석해 보는 작업을 시작한다. 정량적인 분석과 정성적인 분석이 같이 이루어져야 한다. 매출을 기준으로만 생각해 보자.

매출이 저조했던 시기와 성장했던 시기 또는 일정한 수준을 이루었던 시기 등을 데이터로 확인하고, 시기별로 매출실적과 당시 경영활동 등에 영향을 주었던 사람·사건 등을 모두 나열해 본다. 이를 통해 이해관계자를 식별하는 기준을 세울 수 있다.

매출 데이터를 기반으로 기업 내부 및 외부에서 영향을 받았던 계기를 나열해 보면 실적에 변동이 있었던 원인을 발견할 수 있다.

구분	제품 A 매출실적	내부 요인	외부 요인	제품 B 매출실적	내부요인	외부요인	제품 C 매출실적	내부요인	외부요인
1월	100	광고집행 검토	경쟁사 제품 런칭	100	마케팅 집행결정	고객의견 청취	50	일정 판매량 유지	재고 보관 비용 최소화
2월	100	광고집행	경쟁사 판매 확대	1,000	마케팅 집행시작	입소문 확산	50	-	-
3월	50	광고 부적절	고객 커뮤니케이션 역효과	1,500	마케팅 지속	입소문 확산	50	-	-
...	...	...	...	...	...	...	...	...	...

이렇게 제품별로 매출실적을 정리해 보면 매출에 직접적인 영향을 끼친 요인이 고객에게 전달할 커뮤니케이션 방법을 잘못 선택해 매출실적이 부진했다는 표면적 원인이 보인다. 여기서 핵심원인을 더 깊이 찾으면 트렌드와 고객이 추구하는 가치를 놓친 내부 판단력 부족까지도 찾을 수 있다.

이처럼 실적을 기준으로 매출이 변동된 원인에 영향력을 끼쳤던 요인이 고객, 경쟁사, 내부 의사결정, 마케팅 채널 등 어느 곳에 집중되었는지 이유를 밝힐 수 있다.

| STEP 2 | 사회·환경 영향을 갖는 이해관계자와 영향관계 시나리오 나열하기

사업에 대한 영향력을 가진 이해관계자를 나열해 보고, 최근까지 기업경영에 영향력을 끼쳤던 이해관계자들의 목록을 채워보자. 그리고 각 이해관계자를 관리해야 하는 이유를 시나리오처럼 구성해 본다. 특히 이해관계자의 니즈를 파악하지 못하여 회사 차원에서 제대로 관리하지 못했을 때 발생할 수 있는 리스크를 중심으로 연결고리를 확장해 본다.

지방도시에 제품을 만드는 공장이 있었던 A기업의 사례를 살펴보자. A기업은 공장이 위치한 지역주민을 중요한 이해관계자로 인식하지 못했다. 지역주민은 A기업의 공장으로 인한 부정적인 환경영향을 주장했지만, 지역주민과의 소통을 충분하게 하지 않았다. A기업은 지역 내 환경영향평가에 대한 업무를 미비하게 처리하고 있었고, 이에 대한 시설관리 등도 제대로 하지 않았다. 만약 지역주민과의 소통을 통해 환경관리에 대한 문제점을 먼저 알아챘다면 잘못을 언제든 정정할 수 있는 기회를 가졌을 것이다. 그러나 결국 A기업은 환경관리 소홀로 인한 환경법 위반, 그로 인한 과태료와 영업정지 처분, 고객사에 납품 지연, 완성품의 시장공급 차질, 고객 대상 매출 감소, 기업 평판 저하 등으로 부정적 리스크가 꼬리에 꼬리를 물게 되었다.

이렇게 사업에 영향을 끼칠 수 있는 이해관계자들을 나열하고, 각 이해관계자를 대상으로 한 사회·환경적 영향을 시나리오로 만들어 보면 리스크를 사전에 충분히 대비할 수 있을 뿐만 아니라 기업이 그동안 해당 이해관계자에 대해 충분하게 관리를 잘 해왔는지도 확인할 수 있다.

이해관계자	주요 관심사
정부	환경법, 환경정책, 지역 내 환경감시 체계 및 실행 주기
고객사	환경 저감제품 납품 시 협력사 평가에서 가점 부여
지역사회	폐수 처리에 대한 방법과 정보 공개

| STEP 3 | 영향 정도 파악하기

우리 회사의 사업과 관련하여 가장 영향력이 있는 이해관계자가 누구인지 판별한다. 위의 예에서 보면 정부는 환경법을 준수하지 않았을 때 직접 영업을 중지시킬 수 있는 강력한 권한이 있는 이해관계자이다. 그러므로 강한 이해관계자에 대비해 더욱 강화된 경영전략을 적용해야 한다.

그리고 중요도에 따라 경영활동에 들어가는 예산의 분배도 다시 조정해 볼 수 있다. 예전과 같이 전년도를 기준으로 어느 정도 예산을 배분했

었으니 올해도 그 정도의 예산을 배분한다는 관습은 버려야 한다.

| STEP 4 | 인터뷰하기

기업의 이해관계자를 식별하고, 그 영향 정도를 파악했다면 이해관계
자와 커뮤니케이션을 진행한다. 커뮤니케이션 작업을 통해 이해관계자가
무엇을 요구하는지 정확하게 파악할 수 있고, 기업경영에 대해 가지고 있
던 생각이나 추가되었으면 하는 아이디어도 얻을 수 있다. 또 이해관계자
가 원하는 방향과 다르게 기업이 운영되었음을 피드백 받기도 한다.

이때 대면 인터뷰가 어렵다면 설문조사를 이용하는 등 이해관계자의
편의에 따라 별도의 커뮤니케이션 채널을 통해 주기적으로 소통하는 방
법을 만들어 두는 것이 좋다.

인터뷰의 내용은 기업의 내·외부 상황에 대해 임직원이 인식하고 있
는 현재 상황을 바탕으로 이해관계자들이 그 이슈에 대해 어떻게 생각
하는지 물어본다. 물론 사전에 질문지를 만들어 이해관계자들에게 배포
하여 충분한 시간을 주어야 한다.

구분	지배구조	사회	환경
투자자	3,000만원 이상의 자금 집행 시 의결권 행사	매출의 1%를 사회환원에 돌려주는 캠페인을 원함	물 사용량 저감을 실행하기를 권고함
고객	악행을 한 임원의 퇴출을 요구함	안전한 제품을 통해 사고가 발생하지 않도록 품질관리를 요구함	폐기 과정에서 미세플라스틱을 저감하기 위한 제품이 출시되기를 원함
...	...	...	...

이렇게 인터뷰를 통해 얻은 이해관계자들의 의견은 별도로 정리하여 이사회에 보고하고 공식화하도록 한다.

| STEP 5 | 경영전략 적용 수준 판단하기

지금까지 이해관계자가 누구인지, 어떤 영향을 주는지 그 정도를 파악했다면 이제 구체적으로 활동수준을 결정해야 한다.

예를 들어 서비스 업종이라면 부정적인 환경 이슈를 맞을 가능성이 훨씬 낮다. 그렇다면 환경영역 부문은 사업에 끼치는 중대한 영향력을 가진 이해관계 대상으로 인식하기보다 고려해야 할 대상 정도로 적용할 수 있다. 이 경우 실행업무에서 환경영향 저감에 집중하기보다 임직원이 고객에게 서비스를 제공하면서 끼칠 수 있는 환경영향을 최소화하기 위한 캠페인을 펼치는 정도가 적당하다.

즉, 이해관계자를 식별하는 과정에서 그들이 사업에 영향력을 끼칠 수 있는 중대성, 가중치를 기준으로 경영전략과 실행업무 수준 파악이 가능하다.

ESG 비전 만들기

이니셔티브는 주도권을 의미한다. 사전적 의미로는 시작, 착수, 계획이란 의미이다. 경영에서는 어떠한 일을 먼저 시작해 목표를 달성하기 위한 주도권과 자발적인 계획이라는 뜻으로 쓰인다.

'ESG 이니셔티브'는 ESG 경영에 대한 실천의지를 모든 이해관계자에게 약속하는 것을 말한다. 이때 포함할 내용은 ESG 경영이념, 방향성, 전략 수행 의지 등이다. 특히 기업마다 고려하고 있는 ESG 영향 중 어느 부분에 가장 중요성을 두고 있는지 보여줄 필요가 있다. 이는 기업활동으로 인해 영향을 받는 대상이 누구이고, 어떤 분야에 영향을 미칠 수 있는지 정확히 알고 있다는 기업의 의지를 이해관계자들에게 확인시키는 일이다. 그리고 조직의 의무 및 준수사항을 어떻게 이행하겠다는 구체적인 방법이 뒤따라야 한다.

그럼 다음의 예를 통해 이니셔티브의 의미를 구체화해 보도록 하자.

어떤 사람이 반짝 효과를 원하는 다이어트가 아니라 꾸준하게 실천할 수 있는 다이어트를 원한다고 가정해 보자. 그럼 '나는 지속가능한 다이어트를 추구한다'라는 가장 큰 개념을 담은 이니셔티브를 세운다. 그리고 그 이니셔티브를 달성하기 위한 방법과 실행전략을 정리한다. 다이어트를 하기 위해서는 식이요법과 운동을 병행해야 하기 때문에 이 두 가지를 전략으로 삼을 수 있다. 그리고 전략별로 세부실행방법을 도출해 낸다.

이처럼 ESG 경영을 도입하기 위해서는 우리 회사가 나아가고자 하는 가장 큰 목표가 무엇인지 먼저 고민해야 한다. 앞서 우리가 왜 ESG 경영

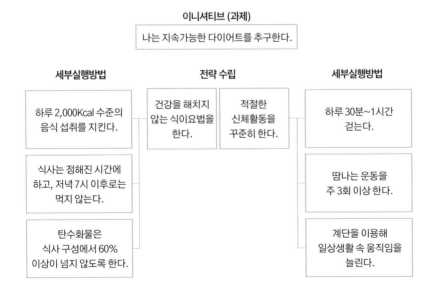

을 도입해야 하는지 자체적으로 분석했다면 그에 따른 결론이 ESG 비전을 수립하는 과정으로 이어져야 한다. 그리고 ESG 경영 도입의 필요성을 분석할 때 우리 회사가 속한 산업의 사회·환경 리스크도 찾을 수 있는데, 가장 큰 리스크를 줄여 나아가는 방법으로 ESG 경영 비전을 삼는 것도 바람직한 방향이다.

04
ESG 추진전략 수립 및 실행

ESG 실행의 구체적인 방법

ESG 경영은 업무를 도입한 첫해 만에 끝낼 수 있는 일이 아니다. 업무 영역별로 글로벌 수준까지 달성하기 위한 노력을 꾸준히 지속해야 한다. 이는 기업의 이해관계자들이 글로벌 수준의 ESG 경영을 원하기 때문이다. 그래서 매년 계획과 실행이 이루어져야 한다.

이때 ESG 경영전략을 실행하는 방법으로 PDCA를 활용하면 좋다. ESG 경영전략을 수립하고(Plan), 실행하고(Do), 점검한 후(Check), 오류가 있다면 적절한 조치를

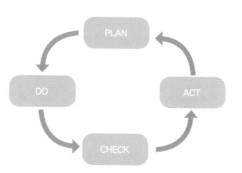

하여 보완(Act)하는 것이다.

ESG 사이클을 만들어라

① ESG의 주요 지표를 바탕으로 부족한 영역을 파악하고 원인을 밝혀내야 한다. 그 원인은 담당자의 업무 미숙일 수도 있고, 기업이 그 영역을 관리해야 하는 업무라고 여기지 않았기 때문일 수도 있다.

② ESG 영역에서 회사의 리스크가 무엇인지, 그리고 그 리스크가 향후 사업과정에서 누구에게 어떤 영향을 끼칠 수 있는지 평가가 이어져야 한다. 또한 리스크를 가지게 된 이유에 대해 상세하게 살펴보는 과정을 진행한다.

③ 이렇게 국제표준, ESG 지표 등을 이용해 기업이 가진 이슈에 대해 파악한 후 ESG 경영활동과 관련된 법률, 정책, 제도 등을 최신 버전으로 찾아보고 누락되거나 잘못 알고 있었던 것은 없었는지 검토하는 과정이 필요하다. 이 과정에서 해당 법이 만들어진 계기가 무엇인지도 살펴보고, 이를 통해 ESG 경영이 필요한 이유에 대해 조직원 모두와 공유해 보는 것도 필요하다.

④ 이 단계까지 진행되었다면 기업의 주요 이해관계자를 대상으로 커뮤니케이션을 시도한다. 세세하게 검토해 본 기업의 ESG 경영수준과 문제점을 이해관계자와 가감 없이 공유하고 이에 대한 이해관계자들의 의견을 청취한다. 이때 이해관계자들은 각자의 니즈에 따라

이슈에 대한 의견을 도출할 것이다. 그 의견이 기업이 앞으로 나아가고자 하는 ESG 경영의 방향성과 일치하는지도 점검해 보아야 한다.

⑤ ESG 지표와 국제표준 등을 중심으로 해결해야 할 과제를 도출한다. 최근 관련 산업에 뜨거운 감자가 된 이슈가 생겼고, 기업이 그 문제의 당사자 중 하나라면 반드시 우선과제로 선정하여 모든 구성원이 함께 해결해야 한다.

⑥ ESG 평가경영 원년에는 환경·사회·지배구조 측면에서 회사 내 모든 업무와의 관련성을 검토해 보도록 한다. 이 과정을 거치면서 조직원들은 회사 내 대부분의 업무가 ESG 경영을 도입하는 데 필요하다는 것을 알게 된다. 그러면 변화된 국제·국내 사업환경에 따라 ESG를 고려한 업무를 도출할 수 있다.

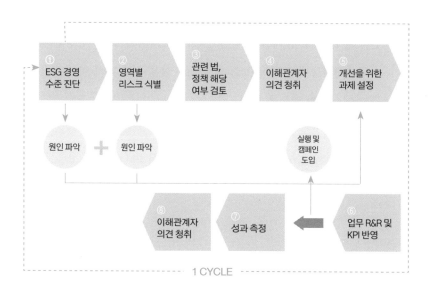

조직별로 우선과제가 도출되었다면 그 일을 담당할 실무자를 지정하고, 개인별 핵심성과지표(KPI, Key Performance Indicator)에 반영하도록 한다. 인사고과 기준으로 반영하게 된다면 더욱 효과적이다. 과제를 수행할 때에는 타 부서 간의 상호협조가 필요한 경우가 반드시 발생하기 때문에 협조적인 기업문화를 형성할 수 있도록 캠페인도 진행하면 좋다.

⑦ 과제가 종료되면 성과측정을 한다. 이때는 과제 수행 전 설정했던 핵심성과지표의 기준이 달성되었는지 확인하고, 달성되지 못했다면 그 원인을 파악해 보는 피드백이 필요하다.

⑧ 지금까지의 결과를 정리하여 내부 검토를 거친 후, 이해관계자와의 커뮤니케이션 자리를 다시 마련해 ESG 경영수준을 높이기 위해 기울였던 노력과 성과를 보고한다. 이때는 대면보고뿐만 아니라 온라인을 통한 정보 공개를 병행하는 것이 효과적이다. 이 과정을 통해 이해관계자들에게 다음으로 해결하고 싶은 이슈가 무엇인지 의견과 아이디어를 얻도록 한다.

이렇게 한 번의 업무 사이클이 완성되면 다시 ESG 평가지표를 활용해 자가진단을 해본다.

레벨과 목표설정은 필수!

기업의 규모와 상황에 따라 ESG 경영을 단계적으로 도입하거나 또는 전사적 노력으로 빠르게 변화를 시도할 수도 있다. 어떤 방식이든 ESG 경영을 도입하고 전략체계를 갖추어 본다면 회사의 발전을 실감할 수 있다. 그래서 ESG 경영을 도입한 기업들은 꾸준히 ESG 수준을 향상하기 위해 과제를 정하고 목표달성을 위해 노력한다.

ESG 경영체계를 수립하는 과정은 ESG 평가지표를 기준으로 판단해 볼 수 있다. ESG 평가기관에서 주로 묻는 문항들은 앞서 살펴보았던 ISO26000, GRI 등의 국제표준에 따라 구성되는 경우가 많다. 따라서 회사의 경영이 ESG에 얼마나 부합하고 있는지 점검해 보기 위해서는 국제표준인 ISO26000, GRI 등을 이용하거나 국민연금 등 국내 기관이 공개한 ESG 평가체계를 기준으로 업무를 조직화하는 방법도 고려해 보도록 한다.

단계별 ESG 경영수준 향상 기준

ESG 경영수준이 어느 정도로 향상되었는지 확인해 보고, 현 상황에서 발전된 단계로 나아가고자 한다면 필자가 제시하는 다음의 단계를 참고해 보자.

| Beginning 초기 | Improving 개선 | Strategizing 전략화 | Optimizing 최적화 | Mastering 고도화 |

1) 초기단계(Beginning)

초기단계는 ESG 경영의 필요성을 인지하고 있지만 계획수립 등이 이루어지지 않은 단계로, 경영활동에 필요한 법 준수 중심의 규정 정도만 갖추고 있다. 조직의 기존 업무수준이 ESG 기준을 적용했을 때 거의 이루어지지 않았다면 해당 업무는 초기단계로 평가하여 개선단계로 끌어올릴 수 있도록 한다.

2) 개선단계(Improving)

ESG 경영을 도입하는 단계로, 초기단계에서 부족한 부분을 개선하며 계획과 실행이 병행된다. 부분적 도입 및 적용이 이루어지는 단계이다.

3) 전략화단계(Strategizing)

ESG 경영이 영역별로 전략적 개발을 위한 단계로 향상되었으며, 기업의 업종 특성을 반영하여 비즈니스에 유리하도록 적용하는 단계이다. ESG 경영이 내부시스템으로 구축되고 PDCA 사이클 체계가 구축되어 있으며, 임직원들이 명확한 기준에 의해 업무를 수행한다.

4) 최적화단계(Optimizing)

높은 성과를 창출하고 있으며, 그 적용성과를 검증할 수 있는 단계이다. 동종업계에서 우수한 사례를 창출하는 단계이며, ESG를 기업경쟁력으로 활용할 수 있는 수준이다.

5) 고도화단계(Mastering)

글로벌 수준의 ESG 체계가 갖추어져 있고 동종업계에서 최고수준에 달하는 단계이다. ESG가 비즈니스의 핵심요소로 작용하며, 나아가 ESG를 바탕으로 비즈니스 모델이 개편되어 새로운 수익구조를 창출하는 수준이다.

우리 회사 ESG 자가진단해 보기

ESG 도입을 고민하고 있거나 도입 초기에 해당하는 기업이라면 ESG 평가를 통해 회사의 수준을 확인하고 싶을 것이다.

인터넷을 통해 국내외 주요기관의 ESG 평가체계나 구조는 알 수 있지만, 구체적으로 그 평가 질문이 어떻게 만들어져 있는지 찾기는 생각보다 쉽지 않다. 그래서 필자가 ISO26000을 기반으로 회사의 수준을 점검해 볼 수 있는 미니 체크리스트를 제시한다. 이를 바탕으로 기업의 현황을 파악하고, 어떤 부분을 고도화해야 하는지 참고해 보자.

| ISO26000 기반 ESG 경영 자가진단 미니 체크리스트 |

구분	질문	체크
조직 지배 구조	조직은 의사결정 시 사회·환경 책임을 고려하고 있는가?	
	조직은 사회·환경 책임에 대한 목표와 성과를 이사회 등 의사결정기구에 보고하는가?	
인권	조직은 인권존중 정책을 수립했는가?	
	조직은 협력사 선정 시 인권기준을 고려하고 있는가?	
	조직은 인권침해 문제를 해결하는 제도와 전담기구를 갖추고 있는가?	

노동 관행	조직은 국제노동기준과 국내법에 부합하는 기준을 취업규칙에 반영하고 있는가?	
	조직은 근로자의 보건과 안전을 위한 정책을 수립했는가?	
	조직은 비정규직, 임시직 근로자 및 협력업체 근로자에게 안전·보건에 대한 보호를 제공하는가?	
	조직은 근로자 개인의 역량 향상을 위한 정책과 지원을 제공하는가?	
환경	조직은 의사결정과정에서 환경영향성을 고려하는가?	
	조직은 생산과정에 사용하는 주요 자원(화학물질, 에너지, 물 등)의 사용량을 관리하고 있는가?	
	조직은 오염물질 배출을 줄이기 위한 노력을 하고 있는가?	
	조직은 친환경 자원을 우선적으로 구매·사용하고 있는가?	
	조직은 사업장에서 발생하는 온실가스의 배출 근원을 알고 이를 줄이기 위한 활동을 실시하고 있는가?	
공정 운영 관행	조직은 반부패 정책과 제도를 갖추고 있는가?	
	조직은 구매·조달 과정에서 공정거래법, 하도급법 등 관련 규정을 준수하고 있는가?	
	조직은 조달 과정에서 안전, 보건, 사회, 환경, 성평등 등의 사회적 책임 기준을 고려하고 있는가?	
소비자 이슈	조직은 소비자에게 사실에 기반한 정보를 정확하고 충분하게 제공하고 있는가?	
	조직은 소비자의 안전, 보건을 위한 정책, 시스템, 커뮤니케이션 채널을 갖추고 있는가?	
	조직은 소비자 불만처리 시스템을 구축·운영하고 있는가?	
	조직은 소비자의 개인정보 보호를 위한 정책, 시스템을 갖추고 정기 모니터링을 하고 있는가?	
지역사회 참여와 발전	조직은 지역사회 발전을 위한 활동을 하고 있는가?	
	조직은 지역사회 내 투자와 구매를 하고 있는가?	

ESG의 완성도를 올리는 방법

ESG의 세부내용을 파악했다면 전 직원의 업무를 리스트로 만들고 관련된 사항을 찾아내는 작업을 시도해 보자. 이 리스트를 바탕으로 ESG 지표에 따라 새로운 업무나 보완이 필요한 업무를 확인하는 것이다.

ESG DB 구축업무는 가장 실질적으로 필요한 일이다. ESG 업무와 관련된 리스크가 발생할 수 있는 사항은 무엇인지 파악하고, 전·후 체계가 수립되어 있는지 점검한다. 또 업무 수행 전 체크리스트를 만들어 적용한 후 이를 감시할 수 있는 위원회 등을 통해 사전보고와 심사를 할 수 있도록 하고, 담당 경영진의 결재를 통해 문서화하여 근거를 남긴다.

이러한 DB를 만들게 되면 다양한 기관으로부터 ESG 평가를 요청받았을 때 효과적으로 대응할 수 있게 된다. 그렇지 않으면 매번 ESG 평가를 요청받을 때마다 대응에 필요한 자료를 수집하는 중복업무가 발생해 담당자의 업무만 가중되게 된다.

이때 DB로 구축한 업무 리스트 중 법, 규제, 인센티브 등과 직접 또는 간접적으로 연관된 것은 필수적으로 확인한다. 법과 직접적으로 관련된 업무는 매우 중요하므로 정기 모니터링 대상으로 지정하고, 그 결과를 주기적으로 이사회에 보고하도록 한다. 또 해당 업무는 최종관리자를 CEO 또는 임원으로 지정하여 관리한다.

ESG 경영에 관련된 모든 활동을 파악했다면 시기를 정하여 정기적으로 모니터링을 한다. 모니터링은 부서마다 핵심달성지표로 설정한 업무가 어느 정도로 수행되었는지 파악하도록 하여 전사적 차원에서 ESG

구분	부문	사규/위원회/협의회	정기/상시 제도	도입 / 개편제도 / 활동	
				1차년도	2차년도
거버 넌스	지배구조	주주총회	정기 주주총회 개최	반기 1회 개최	분기 1회 개최로 변경
		이사회		CEO 신규 선임	
		이사회 규정			이사회 규정 개정
		경영위원회		신규 조직	
		경영위원회운영내규		규정 신설	
투명성	회계감사	감사위원회	정기 감사수행	반기 1회 개최	분기 1회 개최로 변경
		감사위원회운영내규	감사보고서 작성,제출	내규 개정	유지
		사외이사 후보추천 위원회		위원 구성 변경	
		사외이사 후보추천 위원회 운영지침			지침 개정

경영의 발전을 확인하게 한다.

사내 조력자를 만드는 비법

ESG 경영 도입은 ESG에 대한 전 직원의 의식 수준을 지속적으로 향상하는 일과 병행되어야 한다. ESG 전담부서를 만들어 두고 그 담당자들만 하는 업무가 되어서는 안 된다. ESG 경영 도입은 경영전략의 변경을 뜻하기 때문에 모든 업무에 연관이 되는 것이다.

그래서 ESG 경영 도입을 고려하는 모든 기업은 반드시 ESG 경영에 대한 인식을 전 직원에게 일깨워줄 필요가 있다. 그렇지 않으면 직원들

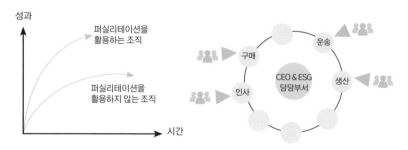

| 퍼실리테이션 도입 효과 및 퍼실리테이터의 사내 도입 체계 |

(자료 : 호리 기미토시, 〈퍼실리테이션 테크닉 65〉)

은 '바빠 죽겠는데 대체 이걸 왜 하느냐'는 생각을 가지게 되고, 이로 인해 전담 직원은 업무적 한계를 맞게 된다. 결국 모든 일은 사람의 문제로 귀결된다.

ESG 경영의 필요에 대한 전사적 합의는 교육, 캠페인 등을 통해 꾸준히 진행되어야 한다. 초반에 반짝 교육으로 끝나면 효과가 없다. 조직의 규모에 따라 정기적으로 ESG 교육을 세분화하여 진행해 그 수준을 전문적인 영역까지 끌어올리고, 각 부서 내에 퍼실리테이터(facilitator, 부서원 간 소통과 협력을 도출해 업무를 효과적으로 추진할 수 있도록 하는 사람)를 지정하여 교육해야 한다.

3장

ESG 경영 수립에
필요한 것

01

문서화

기업이 ESG를 도입했다면 그 사실은 어떻게 알 수 있을까? 바로 문서이다. 그래서 ESG 경영에서 반드시 해야 할 일은 문서화이다. 기업이 ESG 경영을 하겠다고 결정하고 그것을 외부로 공표했다면 이를 실제로 입증할 수 있는 공식문서를 갖추어야 한다.

ESG 경영을 도입하게 되면 경제·사회·환경별로 세부적인 정책을 개발하고 그 내용을 내부 공식문서로 승격시켜야 한다. 또 글로벌 ESG 기준을 충족하는 방향을 담은 정책을 마련하고, 그에 따른 관리방법을 사규로 만들어야 한다.

내부적으로는 이사회 등 의사결정과 관련된 사안에 대한 기준을 담은 거버넌스 운영규정을 글로벌 기준에 맞추어 개선해야 한다. 이때 이사회가 하는 일과 권한 등에 대해 놓치고 있었던 사항은 없었는지 재검토를 할 수 있는 기회가 생기기 때문에 평소 경영시스템에서 문제가 있었다면 회사의 중대 결정에 대한 체계를 바로잡을 수 있다.

이어서 전 직원의 행동양식과 회사의 사람·사회·환경에 대한 경영방침을 담은 윤리규범을 개발하여 이를 모두와 공유하도록 한다. 또 회사가 나아가고자 하는 큰 방향성과 그에 따른 행동규범을 제정한다. 이 행동규범은 전통적인 관점에서 보자면 더 높은 성과를 위해 필요한 것으로 구성되어야 한다. 윤리경영을 도입하고 있다면 그 가치를 포함할 수도 있다. 그리고 ESG를 경영 전반에 적용하는 작업은 사규, 정책, 제도, 시스템 등 깊고 넓은 작업까지 문서로 만들어 책임자와 경영자, 이사회의 승인을 받아 내부적으로 공식화해야 한다.

이렇게 규정, 규범, 사규 등을 통해 내부적인 ESG 경영 도입을 완성했다면 이를 외부에 공개할 수 있도록 절차를 밟아야 한다. 즉, 이해관계자

내부	ESG 경영체계	외부
거버넌스 운영규정 …	지배구조	사업보고서, IR자료 …
윤리규범 …	인권	인권정책 …
취업규칙 …	노동관행	채용정책 …
환경정책, 환경영항 관리체계 …	환경	환경경영선언문 …
계약서, 계약 약관 …	공정운영 관행	공정거래, 동반성장 정책 …
고객관리 정책 …	소비자 이슈	고객헌장 …
사회공헌 정책 …	지역사회 참여와 발전	사회공헌헌장 …

들에게 ESG 경영에 대한 정보를 제공하는 문서작업도 같이 이루어져야 한다. 이때는 주로 기업에서 정기적으로 발행해 왔던 사업보고서와 IR자료 등을 통해 기업의 지배구조를 설명한다. 또 환경을 고려한 경영방침을 담아 외부에 공개하는 환경선언문을 통해 이해관계자들에게 공개하는 과정도 필요하다.

이처럼 ESG 경영은 지배구조·사회·환경 측면을 글로벌 기준에 따라 구성하고, 그 정책을 담아 문서로 구축하는 작업이 필수이다. 또 이를 외부로 공개할 수 있는 형식으로 갖추어 이해관계자와의 커뮤니케이션을 진행하도록 한다. 이때 인적 여건이 가능하다면 이 모든 내용을 한 번에 담아 매년 이해관계자에게 ESG 경영실적을 공개하는 지속가능경영보고서 또는 ESG보고서를 발간하는 것이 효과적이다.

02

ESG위원회

이사회는 주로 기업에 중대한 영향을 끼치는 사항을 결정하는 기구이다. 회사에 ESG 경영을 도입할 것인지 최종적으로 결정하는 일도 이사회가 큰 역할을 한다. 그리고 ESG 경영을 도입했다면 실무진들은 일정 기간 동안 추진된 ESG 경영의 성과를 이사회에 보고하고, 이사회는 그것을 바탕으로 다음 기간의 경영전략 결정에 ESG를 반영해야 한다.

이때 이사회는 회사에서 운영하는 사업부문마다 각각의 다른 ESG 영향성과 기준을 반영한 의사결정을 할 수 있어야 한다. 만약 ESG 영역에서 특정 영향이 예상되는 사업 결정을 앞둔 경우, 이사회가 명확한 기준에 따라 결정을 할 수 있도록 이사회 내부 규정도 마련되어 있어야 한다.

대기업의 경우, 이사회 심의 및 최종 승인을 거치기 전 ESG위원회를 하위기구로 만들어 심도 있는 심의과정을 거치도록 하는 것이 바람직하다. ESG위원회에서는 임직원의 ESG 인식을 향상시킬 수 있도록 지속적으로 교육과 사례 공유가 병행되어야 한다. 이때 위원회의 핵심기능이 잘 작동하도록 하려면 정기적으로 회사의 사업부마다 사회·환경 영향에 대한 점검과 평가가 실행되어야 한다. 특히 ESG위원회를 꾸렸음에도 불구하고 무엇을 심의해야 할지 고민하는 일이 일어나서는 안 된다. 위원회에서 무엇을 심의해야 할지 갈피를 잡지 못한다는 것은 회사의 사업부문마다 발생할 수 있는 사회·환경 영향고리 파악이 충분하지 못했기 때문이다.

또 ESG 심의에 대한 기준 마련도 필요하다. 담당 부서에서 사업영역과 운영영역 등 심의사항에 대한 가이드라인을 마련한 후, 그에 대해 위원회의 각 임원과 그 임원이 담당하는 부서의 의견을 취합하여 고도화하도록 한다.

중견·중소기업의 경우는 ESG위원회를 따로 설치하기보다 기존의 경영전략회의 등에서 ESG에 대한 영향을 정기점검하는 시간을 별도로 가지는 것이 좋다. 이를 위해서는 무엇보다 최고경영자가 ESG에 대한 인식과 배경지식을 꾸준히 쌓는 것이 중요하다. 이를 가능하게 하는 방법 또한 임원진을 대상으로 하는 충분한 ESG 교육이다. 임원들이 스스로 ESG에 대한 지식을 쌓는 과정도 필요하지만, 그 과정에서 개념을 잘못 이해하게 되는 일이 발생하지 않도록 담당자가 꾸준하게 임원진들의 ESG 지식을 쌓는 과정을 인도해 주어야 한다.

03

커뮤니케이션 채널

　이해관계자들은 각자의 니즈가 다르기 때문에 사업보고서 속에서 볼 수 있는 경영실적 수치만으로 그 기업의 성격을 파악하는 데 한계가 있다. 그래서 이를 통합적으로 볼 수 있는 지속가능경영보고서(ESG보고서)에 대한 필요성이 꾸준히 제기되었다.

　그러나 기업의 입장에서는 ESG보고서가 반드시 필요한가에 대해 의문을 가지기도 한다. 비재무정보를 공개하는 것이 기업의 사정을 너무 낱낱이 드러내는 일이라는 생각이 들고, 잠재되어 있던 내부 리스크를 굳이 들춰 문제를 만드는 것은 아닌가 싶기 때문이다. 또 무엇보다 추가적인 인력과 비용이 뒤따르기 때문이다.

　그러나 이해관계자와의 소통을 위한 커뮤니케이션은 기업이 이미 발표하고 있는 사업보고서와 IR자료 등을 통해서도 충분히 가능하다. 지속가능경영보고서를 발간하기에 부담이 된다면 정기적으로 홈페이지 등을 통해 공개 가능한 정보를 제공하고, 이를 이해관계자에게 적극적으로 알려야 한다.

중요한 점은 ESG 경영과 관련된 성과를 이해관계자가 직접 질문하고 그에 대한 답변을 받을 수 있도록 양방향 소통이 가능한 채널을 마련하고 이를 알리는 일이다. 이처럼 이해관계자와의 관계를 더욱 밀접하게 하는 활동을 통해 그들의 니즈를 파악하는 노력이 필요하다. 이 또한 별도의 시스템을 구축하는 방법도 있지만, 공식 이메일 계정을 통해 질문을 받고 답변을 할 수도 있다.

기업은 이러한 공개된 채널을 통해 주요 이해관계자와 긴밀하게 연락하며 ESG 데이터를 공개하기 전, 서면 회람을 통해 의견을 받아 부족한 점을 보강하도록 한다. 가능하다면 주요 이해관계자를 선정하여 정기적으로 그들과 대화의 기회를 마련하여 좀 더 구체적인 의견을 청취할 수 있는 방법을 채택하면 좋다.

STEP 1

내·외부 환경분석

- 대외 사업환경 분석
- 대내 ESG 역량분석
- 주요 ESG 이슈 도출

STEP 2

ESG 경영 비전 수립

사업의 특성에 따른
ESG 경영 비전 수립

STEP 3

ESG 전략과제 추진방법 수립

중요성에 따른
전략과제 선정 및
추진 프로세스 수립

STEP 4

ESG 보고서 작성

– ESG 평가 대응 체제
– ESG보고서 제작

Info tip | **대한상공회의소가 제공하는 다양한 ESG 정보 플랫폼 '으쓱'(esg.korcham.net)**

ESG에 대한 다양한 교육과 전문적인 정보를 확인할 수 있다. ESG에 대한 정보를 분산적으로 얻게 될 수밖에 없는 업무적 한계를 극복할 수 있도록 기획되었으며, 중소기업의 우수사례 등도 확인할 수 있다.

Part 4

당장
해결해야 할
ESG
리스크

Environment

Society

Governance

1장

기업에 닥친
ESG 리스크

01

ESG 리스크에 미리 대응하라

기업들의 평균수명은 생각보다 그리 길지 않다. 2016년 〈포춘〉의 조사에 따르면 세계 500대 기업의 평균수명은 40~50년이었다. 우리나라 상장기업의 경우는 23.8년, 평균 기대수명은 15년 정도이다.[6] 중소기업은 30년이 넘는 경우가 단 1.9%에 불과하다.[7] 이처럼 기업의 수명이 짧은 이유는 경영 리스크 인식과 대응 부족을 원인 중 하나로 꼽고 있다.

그렇다면 기업들은 잠재 리스크를 잘 인지하고 있을까? 대부분은 리스크를 잘 모르고 있거나, 만약 알고 있더라도 소수에 불과하다. 하지만 기관으로부터 투자를 유치하려 하거나 해외 진출을 위해 금융기관으로부터 대출을 받아야 하는 경우, 또 새로 대기업 협력사가 되거나 계속 협력사로 거래를 해야 한다면 ESG 리스크 판별은 필수적인 업무가 된다.

특히 ESG가 화두가 된 이상, 기업의 수명을 늘리기 위해서는 반드시 리스크 판별이 필요하다는 인식이 다시 재점화될 수밖에 없다. ESG 관점의 리스크 최소화와 대응력을 갖추어야 한다는 뜻이다.

그런데 기업은 자사에 직면한 리스크가 무엇이 있는지 스스로 파악하기가 쉽지 않다. 리스크를 직접 경험해 보지 않는 한 그 실체가 모호하기 때문이고, 리스크 자체를 인지하지 못하고 있어서이다. 그러나 ESG 관점에서 살펴보면 숨어 있는 리스크는 무궁무진하다. 그래서 ESG 평가기준과 국제표준 등을 통해 경영수준을 진단하고, 미흡한 영역은 그 자체를 리스크라고 파악해 보완해야 한다.

그리고 만약 리스크를 식별했다면 가장 시급하게 해결해야 할 업무를 우선 선정해야 한다. 그러나 리스크를 확인할수록 모두 다 시급하게 느껴질 수도 있다. 이때 전통적인 경영전략 도출방법인 SWOT 분석과 같은 툴을 이용해 가장 빠르게 해야 할 일과 빠르게 해낼 수 있는 일을 선별해 보는 것이 필요하다.

ESG 경영에서는 보완이 필요한 영역을 식별한 후 그것을 향상할 수 있도록 과제로 선정하는 일부터 시작해야 한다. 특히 법적 측면에서 리스크가 가장 큰 것을 우선적으로 해결하는 것이 좋다. 그러기 위해서는 우리 회사에서 영위하고 있는 모든 업무를 나열해 보는 과정을 거쳐야 한다. 그래야만 어떤 영역에서 운영상의 리스크가 있을지 직관적으로 확인할 수 있기 때문이다. 그래서 ESG 담당자는 회사의 모든 업무를 파악하는 작업을 우선적으로 해야 한다. 업무적 부담이 클 수밖에 없지만, 이는 결국 혼자서 하는 일이 아니라 전사가 함께 ESG 담당자 또는 담당부서를 중심으로 경영전략을 다시 도출한다는 마음가짐으로 진행하는 것이 일을 제대로 수행하는 지름길이다.

무지로 인한 ESG 리스크

전 세계적으로 ESG 경영이 대두된 시점은 꽤 오래되었지만, 우리나라에서는 2020년부터 ESG에 대한 관심이 뜨거워졌다. 그만큼 그동안 우리가 ESG에 기울였던 관심이 부족했다는 점 또한 ESG 리스크로 볼 수 있다. 리스크가 발생하는 가장 큰 이유 중 하나가 무지(無知)이기 때문이다.

이러한 상황에서 제대로 된 준비도 없이 갑작스럽게 ESG 경영을 도입하려 하다 보면 실무자는 당혹스러움을 느낄 수밖에 없다. 널리 쓰이고 있는 ESG 평가항목의 수가 어마어마하기 때문이다. ESG 평가를 받아본 기업이라면 경험했겠지만, 대부분 100~200여 개에 달하는 질문이 있다. 즉, 우리 회사에서 ESG 평가기준에 부합하는 경영체계가 잡혀 있는지조차 모르는 상황에서 그 수준을 판단해 보아야 하는 영역이 100~200가지가 된다는 말이다.

ESG 평가 질문은 분류도 상당히 넓다. 지배구조, 안전, 환경, 임직원, 지역사회 등 수많은 이해관계자를 대상으로 한 경영체계를 수립해야만 어느 정도 수준의 평가 결과를 받을 수 있다. 그런데 아무 준비도 안 된 상황에서 거래상대방이 갑자기 ESG 평가를 요구한다면 그동안 미처 ESG 경영에 대해 몰라서 준비하지 못했던 일들이 리스크가 된다.

비윤리적 조직문화

'여태까지 그래왔는데 왜 갑자기 문제가 되느냐'는 경영진의 생각 역시 ESG 경영 도입에 있어 큰 리스크 중 하나이다.

외부로 드러나는 리스크는 대부분 그 기업의 바람직하지 못한 조직문화에 원인이 있다. 즉, 사람의 문제이다. 이런 기업의 경우 '뭐든 안 걸리면 된다'는 식의 인식을 가진 사람들로 가득 차 있다. 만약 법 위반 관련 리스크가 발생한 경우 정상적으로 대응하지 않는다면 그로 인해 또 다른 후속 리스크를 끌고 오기도 한다. 내부에서 암묵적 합의와 조직적 은폐로 사실을 가리는 관행 때문이다.

법 위반이 적발되면 관련 기관은 사후교육과 후속조치를 권고한다. 그러나 비윤리적 조직문화를 가진 기업들은 눈 가리고 아웅 식으로 대충 넘어가고 실제로 재발방지를 위한 활동을 이행하지 않는다. 그리고 이런 조직문화는 법뿐만 아니라 비윤리행위, 비윤리적인 영업관행 등으로 이어져 조직 전체가 물들어 버린다. 만약 ESG 경영을 외부로 선포한 상황에서 이런 리스크가 발생한다면 이전보다 훨씬 더 복구가 어려울 수 있다.

기업이 혁신을 부르짖지만 몇 년이 지나도 외부로 자랑할만한 혁신이 나타나지 않는 이유 또한 비윤리적인 조직문화에서 원인을 찾을 수 있다.

최소한의 일을 하고 보여주기 식의 성과만 내려고 하는 것 또한 어찌 보면 비윤리를 만들어 내는 가장 근본적인 원인이다. 특히 업무적으로 실수를 넘어 조직에 방해가 되는 사람에 대해서는 때론 과감한 인사 측면에서 결단을 내려야 하는 것도 큰 숙제임을 깨달아야 한다.

'지금 시대가 어느 때인데, 아직도 이런 회사가 있네⋯.'

ESG 경영도 마찬가지다. 세상의 패러다임이 빠르게 변화하는 가운데 '이걸 왜 해야 하는지 모르겠다'라며 시간을 끌기만 하는 기업도 있다. 시장을 바라보는 인지력이 매우 낮기 때문이다.

우리 기업들은 위험한 일은 하도급 회사의 직원이 하도록 용역계약을 맺고, 안전사고가 일어나면 책임을 지지 않는 경우가 대부분이다. 이는 가장 큰 ESG 리스크 중 하나이다.

우리나라의 전체 산업재해 발생지표를 살펴보면 2013년부터 2017년까지 300인 미만 사업장 재해율과 전체 재해율이 꾸준히 줄었다가 2018~2019년에 사고 발생 건이 급격히 늘어났다. 이에 정부는 2019년 4월, 유해하고 위험한 작업에 대한 사내 도급금지를 골자로 하는 산업안전보건법과 시행령, 시행규칙 등을 개정했다. 이렇게 법을 통해 안전에

| 산업재해 현황 |

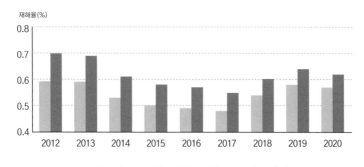

대한 기업의 변화를 촉구했지만 2020년의 재해율은 소폭으로 줄어드는 데 그쳤다. 하지만 법 개정을 통해 기업이 안전 관련 법과 가이드라인을 준수하며 일을 한다면 산업재해가 줄어들 수 있다는 것이 증명되었다.

한편 2020년 한 해 동안 서울여성노동자회에 접수된 상담 유형을 살펴보면 약 60%가 직장 내 성희롱이었다. 그 다음으로는 OECD 국가 기준 최하위를 달리고 있는 성별 간 임금격차였다. 이외 고용평등, 모성관리 등 기업의 사회적 책임 표준(ISO26000)이나 ESG 기준에서 중요하게 보장해야 할 가치들이 여전히 지켜지지 않고 있다.

이런 보편적인 가치가 보장되지 않는 기업이 대기업의 협력사일 경우, 대기업은 이로 인한 리스크도 함께 책임을 져야 한다. '공급사슬(Supply Chain)'이라는 영역, 즉 사회(S) 측면의 관리가 부실하다고 평가받을 수 있기 때문이다.

이처럼 ESG 경영에서 사회 변화에 민감하게 반응해 대처하는 일은 특정 대기업에서만 지켜져야 하는 범위에서 벗어나 그들과 협력하고 있는 중견·중소기업으로도 확대될 수 있게끔 하는 연대책임이 있다고 해도 과언이 아니다. 최근 들어 대기업을 중심으로 협력사를 대상으로 하는 ESG 컨설팅이나 지원책을 마련하려는 움직임이 늘고 있다. 협력사 대상 ESG 경영 전파를 위해서는 경영간섭일 수도 있다는 우려보다 더 적극적인 인식 개선을 도모해야 할 때이다.

---

6. 조동성, 〈장수기업의 메커니즘 고찰〉, 산업정책연구원, 2007
7. 통계청, 〈영리법인 기업 행정통계 결과〉, 2017
8. e-나라지표, 산업재해 현황

02

ESG 이해 부족으로 인한 리스크

ESG 경영을 도입했다고 외부에 선포하고 보도자료도 낸 기업이 있다고 가정해 보자. 어느 정도 시간이 흐른 뒤, 사내에서 ESG 영역에 해당하는 사건·사고가 발생했다. 이때 기업은 그동안 항상 지적했지만 고쳐지지 않은 한국 기업문화 특유의 논리가 발동한다.

'회사는 이러한 체제를 잘 갖추고 있었지만, 개인의 도덕관념 부족으로 일어난 매우 안타까운 일이다. 개인의 잘못된 판단과 행동으로 인해 기업의 이미지가 실추되었음에 유감을 표명한다.'

우리에게 이러한 일은 전혀 낯설지 않다. 특히 직원 인권과 관련된 사건이 발생한 경우라면 이런 논리를 바탕으로 한 기업의 공식 입장을 더 많이 접하게 된다.

하지만 사내에서 일어난 어떠한 사건·사고라도 개인의 일탈행위로

간주하여 억울함을 표명하지 않아야 한다. 만약 ESG 경영을 도입하고도 이러한 기업문화가 남아 있다면 오히려 더 큰 화를 불러일으킬 가능성이 매우 커진다는 것을 반드시 기억해야 한다.

대내 발생 리스크

사업을 영위하는 기업은 사업의 시작과 동시에 내부적인 리스크를 항상 가지게 된다. 그래서 어떻게 보면 기업 운영은 리스크를 줄여 나가는 과정이라고 볼 수 있다.

이때 기업 내부에서 일어날 수 있는 리스크가 어떤 것인지 모르겠다면 기업 규모와 관계없이 ESG 경영을 도입해 '고도화된 경영체계'를 갖추는 것이 좋다. 이 과정에서 조직원들은 부족한 요인들을 하나로 모아 리스크 풀(Risk Pool)을 마련하여 관리해야 한다는 노하우가 생기기도 한다.

이처럼 기업 내부 리스크를 미리 인식하고 적절한 사전 대응력을 갖추려는 노력이 필요하다. 그렇지 않다면 내부적으로 대외 경영환경에 관한 법규·제도·규정을 동기화하지 못해 위법행위가 발생할 수 있고, 또 급변하는 경제환경에 그때그때 제대로 대응하지 못해 사업의 유연성을 놓칠 수도 있다.

그렇다면 기업 내부에서 일어날 수 있는 각종 리스크는 어떤 것이 있는지 살펴보자.

분야	리스크	분야	리스크
경영전략	M&A, 수출입, 외환	회계	분식회계, 회계조작, 법인카드 오남용
재무	신용, 유동성, 금리, 횡령, 배임	영업	수익성 저하, 사고채권, 대손 발생
위법	각종 법 위반	고객	(B2B) 대형 클레임 발생, VOC 발생
구매	하도급 관리, 유착, 부실자재, 협력업체 도산, 구매대금 지급 문제	공정	생산시설 중단
HR	근로자의 산업재해·상해·질병, 노사분규, 파업, 고용 문제 (채용비리, 비정규직)	데이터	전산오류, 개인정보 유출, 데이터 조작

1) CEO 및 임직원의 비윤리행위

ESG 경영이 요구되는 다양한 이유 중 하나가 그동안 많은 기업들이 사회·환경적으로 빚어온 갈등과 악영향 때문이다. 2017년과 2018년에 대학생 500명을 대상으로 진행된 설문조사 결과, 응답자의 51.4%가 한국 CEO의 가장 큰 문제로 '도덕성 및 준법의식 결여'를 꼽았다. 2위 답변은 '사회공헌, 사회적 책임 의식 결여'(21.6%)였다.

일부 기업에서는 CEO나 임직원의 비윤리사건 발생 후 사과와 재발방지 대책을 내놓았지만 대부분 형식적이었다. 이처럼 되풀이되는 상황에 대해 대중들은 문제의 기업들이 발표한 재발방지 대책에 대해 신뢰하지 않고 직접 감시하기 시작했다.

| 한국 경영인의 가장 큰 문제 |

순위	2017년	비율	2018년	비율
1	도덕성 · 준법의식 결여	55.2%	도덕성 · 준법의식 결여	51.4%
2	사회공헌, 사회적 책임 의식 결여	21.2%	사회공헌, 사회적 책임 의식 결여	21.6%
3	혁신적 사고, 창의성 부재	16.6%	혁신적 사고, 창의성 부재	19.6%
4	경영 전문성 부족	5.8%	경영 전문성 부족	6.8%
5	기타	1.2%	기타	0.6%

그런 집단성은 'No Japan' 불매운동으로 더 강화되었다. 일본불매운동이 가장 강했을 때는 누군가 일본 브랜드 매장에 들어가면 지나가던 사람들이 그에게 따가운 눈총을 보내곤 했다. 또 매출이 꾸준히 떨어지고 있다는 데이터를 찾아 타인과 공유하고, 어느 지점이 문을 닫게 되었을 때에는 그 소식을 공유했다. 물론 이는 국익을 위한 공동의 목표에 의한 행동이었을 수도 있겠지만, 기업의 사회적 책임에 대해 이전보다 적극성이 높아진 계기가 되었다.

앞으로 이러한 집단 움직임은 나라를 떠들썩하게 만드는 CEO와 임직원의 비윤리사건이 생긴다면 급격한 물살을 타고 힘을 받게 될 것이다. 이전까지만 해도 불매운동은 몇몇 사람들만 참여하는 이벤트성 행위였지만 앞으로 결집력이 강화된 소비자들에게 다음 타깃이 되는 비윤리기업은 정말 무서운 응징을 받게 될 것이다.

사실 CEO와 임직원의 비윤리행위를 원천적으로 막을 방법은 거의 없다. 조직원의 모든 행동을 일일이 관리할 수도 없고 비윤리적인 생각과 성격을 가진 사람들을 통제하기란 여간 어려운 것이 아니기 때문이다. 그래서 많은 기업에서는 임직원에게 '모든 대외적 언행은 회사를 대표한다고 생각하라'는 입단속 전략을 쓰고 있지만 그동안 보아온 대로 그리 큰 효과는 없는 것 같다.

가장 효과적인 방법은 더욱 긍정적인 기업문화의 확립이다. 올바른 기업문화는 한 사람의 잘못된 생각도 바꾸게 하는 바탕이 된다. 스스로 조직에 대한 충성도를 갖게 된 사람들은 진정으로 회사를 대표한다는 마음을 가지고 행동하기 때문이다.

만약 이에 대해 전혀 변화할 생각이 없는 CEO와 임원이 있는 기업은 안타깝지만 자연스럽게 도태의 길을 걷는 산업 생태계의 흐름 속에 맡겨질 것이다.

2) 환경영향과 관련한 모든 조업 프로세스

환경법을 위반해서 생기는 문제의 원인은 잘못된 업무 프로세스에도 있다. 법에서 정한 기준에 따라 업무 프로세스를 정하고, 그에 따라 누가 그 일을 하든 같은 방법으로 해야 하지만 일부의 사람들이 그 원칙을 따르지 않아 조업에서 문제가 발생한다.

환경법과 관련된 사건을 보면 그것이 법 위반행위인지 몰랐다는 이유도 있지만, 알면서도 제대로 된 업무 프로세스를 수행하지 않은 데에서 발생하는 경우가 대다수이다. 이는 결국 단순 오류가 아닌 환경법을 위반하거나 위반에 준하는 일이 발생했을 때 이에 대해 어떻게 조치하는가에 대한 내부규정 또한 중요한 요소가 된다. 법에 따른 내부처리 프로세스를 수립하지 않고 그들이 생각하기에 가장 편한 방법을 선택하는 데서 리스크가 발생하는 것이다.

3) 각종 리스크에 대비하기 위한 사내 정책·제도

기업의 경영환경에는 언제든 다양한 리스크가 발생한다. 그중 ESG 경영에서 생각해야 할 점은 리스크에 대해 기준과 규정, 제도 등을 사전에 마련했는지 여부이다.

먼저 영업활동에서 벌어질 수 있는 일을 사전에 인지하고, 그 리스크가 발생하지 않도록 정기적으로 관리 및 모니터링하는 프로세스를 갖추어야 한다. 또 예상된 리스크가 발생했을 때 그 상황에 대해 최대한 빠르고 효과적이며 피해를 최소화하는 방법을 적용할 수 있어야 한다. 이를 위해서는 리스크가 발생하기 전에 대처방법과 그 사안을 해결할 담당자와 관리자가 미리 지정되어 있어야 한다.

그리고 새롭게 리스크가 될 수 있는 일을 수시로 모니터링해야 한다. 업무와 관련된 법·정책 등의 변화를 파악하는 것은 너무나 기본적인 일이지만 놓치는 경우도 다반사이다.

예를 들어 2021년 1월 중대재해처벌법이 통과되어 앞으로 산업현장에서 중대산업재해가 발생하면 사업주와 CEO가 책임을 져야 한다. 이전까지 산업재해가 발생하면 책임은 중간관리자에게 돌아갔지만, 이 법의 통과 후 기업이 법에 규정된 안전조치 의무를 다하지 않아 사고가 발생하면 해당 업주와 경영책임자는 1년 이상 징역형이나 10억원 이하 벌금형에 처하도록 책임범위가 강화되었다. 안전조치 의무대상에는 원청 노동자와 실질적 관리하에 있는 하청노동자도 포함된다.

따라서 이런 극단적인 결과가 발생하기 전에 사내 정책을 강화하고 단속하는 일을 빠르게 도입하는 것이 훨씬 낫다. 이 문제를 사전예방하기 위해서는 우리 사업장에서 발생할 수 있는 사고 요소와 사례를 수집하고 안전사고를 방지하기 위한 제도를 갖추어야 한다. 중간관리자에게 맡겨졌던 안전조치 책임을 CEO가 정기점검하는 등 책임자 기준을 상향하는 방법으로 법을 준수하도록 해야 한다.

| 종업원 위법행위 시 법인 및 기업인이 동시에 처벌받는 양벌 규정 |

법률	위법행위	양벌 규정
근로기준법	법정근로시간(주52시간), 임산부 보호 위반	2년 이하 징역 또는 2,000만원 이하 벌금
	성차별	500만원 이하 벌금
산업안전보건법	재해 발생 시 작업 중지 규정 위반	5년 이하 징역 또는 5,000만원 이하 벌금
	산업재해 현장 훼손	1년 이하 징역 또는 1,000만원 이하 벌금
화학물질관리법	유해화학물질 취급 기준 위반	3년 이하 징역 또는 5,000만원 이하 벌금
화학물질평가법	화학물질 사용 기업 담당자가 연간 100kg 이상 신규 화학물질 미등록 시	5년 이하 징역 또는 5,000만원 이하 벌금

자본시장과 금융투자업에 관한 법률	주식 미공개정보를 직접 활용하거나 악의로 제3자에게 공유해 시세차익을 얻는 경우	1년 이상 유기징역 또는 위반행위로 얻은 이익의 3배 이상 5배 이하의 벌금
주식회사 등 외부감사에 관한 법률	회계법인 소속 공인회계사가 감사보고서 기재사항을 누락한 경우	10년 이하 징역 또는 위반행위액의 2배 이상 5배 이하 벌금

(자료 : 한국경제연구원)

이렇게 ESG 경영이 도입되어야 할 사회·경제적 이유는 이제 너무나도 많아졌다. 이러한 환경에 대비하는 방법은 법을 준수하는 사내 제도 수립과 업무 프로세스를 갖추는 것뿐이다.

대외 발생 리스크

대외 발생 리스크는 그 원인이 무척이나 다양하다. 그래서 기업 내부에서 발생한 리스크보다 대응이 어렵다. 그렇다 보니 이에 대한 다양한 위험에 대비하여 기업 손실을 최소화할 방안을 미리 갖추어야 한다.

대외 발생 리스크의 사전대응에 대해서는 기업의 최고경영자 및 지배구조상 결정권이 있는 책임자들의 정기적인 모니터링과 인식이 매우 중요하게 작용한다.

외부에서 발생할 수 있는 리스크의 유형을 미리 체크해 보고, 이 중 기업에서 일어날 가능성이 큰일에 대해서는 대응체계와 제도를 갖출 수 있도록 노력해야 한다.

외부 요건	리스크
자연재해 및 사건·사고	테러, 자연재해, 방화 등으로 인해 건물·설비 등에서 손실 발생
수출·수입 관련	거래 대상국의 수출조건 변화, 정치 및 외교 상황으로 인한 생산 차질 등
협력회사 관련	• 협력사 : 파산, 재고 불충분, 품질 불량, 공급가 인상 • 고객사 : 채무 불이행 • 경쟁사 : 과도한 가격경쟁, 경쟁제품 및 기술의 출현 등
환경·제품·배상 리스크	• 제품 불완전으로 인해 고객의 신체나 재물에 손해를 끼쳐서 발생하는 배상책임 발생 • 환경오염 : 환경에 악영향을 끼치거나 자연을 훼손하여 복구해야 할 책임 발생 • 영업배상 : 영업행위 중 발생한 사고로 인해 사람·재물에 손해를 끼쳐 배상책임 발생
사회환경	특정 사건 발생으로 대중이 각성하고 기업에 변화를 요구하는 다양한 경우
무형자산	• 사이버리스크 : 기업활동에 필요한 DB의 사이버 공격으로 인한 손실 등 • 지식재산권 : 제3자가 기업의 지식재산권을 침해하거나 기업이 제3자의 지식재산권을 침해하여 발생하는 각종 손실 등

---

9. 출처 : 인사이트코리아, 전국 만 19세 이상 성인남녀 대학생 500명 대상

2장

환경
리스크

01

대기 – 대한민국 탄소중립 선언

온실가스 배출관리

우리나라는 2030년까지 2017년 온실가스 총배출량의 1,000분의 244(24.4%)만큼 줄이는 것을 목표로 하고 있다. 그런데 우리나라에서 온실가스를 배출하는 국내 기업들을 살펴보면 제조 대기업이 압도적으로 많다. 이에 따라 정부는 목표 달성을 위해 저탄소녹색성장기본법 시행령에 따라 온실가스를 많이 배출하고 에너지를 많이 사용하는 기업을 관리대상으로 정해 온실가스 배출량과 에너지 사용량에 대한 절감목표를 부과하고 이행실적을 검증·관리하고 있다.

하지만 정부로부터 관리대상으로 지정받지 않은 기업이라도 대기오염에 대한 리스크를 맞을 가능성이 있다. 무역 등을 통해 해외 거래처가 있는 기업의 경우가 그렇다. 특히 해외 거래처의 규모가 크고 온실가스를 다량 배출하고 있는 파트너사라면 대기오염 리스크에 해당된다.

또 대기업 협력사인 경우라면 ESG 평가를 통해 등급을 부여받거나 협력사 유지 적격 판정을 받아야 한다. 이때 온실가스 배출관리를 위한 노력을 점검하는 항목이 적용되는 경우가 대부분이다.

물론 이러한 경우에 해당하지 않는 기업일지라도 온실가스 감축에 대한 목표를 정하고 경영·영업·제조 활동에서 친환경성을 추구하기 위한 노력이 필요하다. 특히 ESG 경영을 도입하고 이해관계자에게 정기적으로 보고하기로 한 기업이라면 이러한 일상 속 노력은 더욱 필요하다.

예를 들어 서비스 업종과 같이 온실가스 배출에 대한 영향이 미미한 기업일지라도 일상 속 영업활동에서 실천할 수 있는 일들을 찾아보아야 한다. 그것이 ESG 경영을 도입하고 실제로 실천해 나가는 방법이기 때문이다.

| 우리나라 온실가스 배출량 |

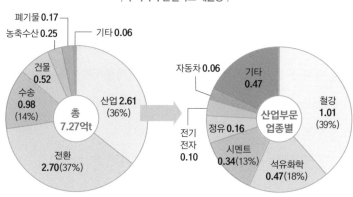

(2018년 기준, 단위 : 억t, 자료 : 산업통상자원부, 에너지경제연구원, 연합뉴스)

온실가스 감축을 위한 노력

2016년부터 세계 각국이 온실가스 감축을 위해 자발적으로 목표를 정했다. 이에 더해 지구의 평균 기온 상승을 2℃ 이하로 유지하고 더 나아가 1.5℃를 달성하기 위한 장기저탄소발전전략(LEDS)*과 국가온실가스감축목표(NDC)*를 제출하는 데 합의했다. 2019년 9월 미국 뉴욕에서는 기후행동 정상회의가 개최되었고, 같은 해 12월 제25차 기후변화 당사국총회(COP25)의 핵심의제는 '행동해야 할 시간(Time for Action)'이었다.

2021년 11월 제26차 유엔기후변화협약 당사국총회(COP26)는 약 200여 개 나라가 참가한 가운데, 여느 때보다 유래없는 기후재앙을 맞았다는 위기감 속에 치러졌다. 회의에서는 지구 온도 상승폭을 산업화 이전 대비 1.5℃로 제한한다는 파리기후변화협약을 재확인했다. 또한 여지껏 기후변화협약에서 언급되지 않았던 화석연료와 석탄에 대한 이야기가 있었다. 석탄은 기후변화에 직격탄이라고 할 만큼 이산화탄소의 주요 배출원으로 꼽힌다. 이번 회의에서는 탄소저감장치가 갖춰지지 않은 석탄발전에 대한 단계적 감축을 가속화하자는 내용이 포함되었다. 그러나 최대 탄소배출국인 중국과 러시아가 참여하지 않는 한계로 인해 실질적인 실행과 목표 달성이 가능할 것인지에 대한 의구심이 지워지지 않는 상황이다.

이처럼 코앞까지 다가온 기후변화 문제에 대해 모두의 각성이 필요하다는 인식이 이제는 행동으로 나타나고 있다. 그러나 이런 노력은 가장 많은 온실가스를 배출하는 국가들의 노력과 변화가 없다면 실질적인 결

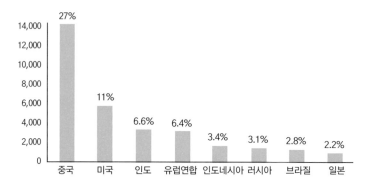

| 2019년 세계 온실가스 배출 국가 순위 |

과를 얻기 어렵다.

특히 중국은 세계에서 가장 많은 온실가스를 배출하는 국가이다. 중국의 온실가스 배출량이 전 세계 배출량의 4분의 1을 차지하며, OECD 회원국들의 전체 배출량을 모두 합해도 중국보다 낮다. 이런 상황이다 보니 중국 기업과 협력사업을 하는 기업이라면 파트너사가 1년간 배출하는 온실가스의 양도 고려해야 한다.

장기저탄소발전전략(LEDS, Long-term low greenhouse gas Emission Development Strategies) 5대 기본방향

1. 깨끗하게 생산된 전기·수소의 활용 확대
2. 에너지 효율의 혁신적인 향상
3. 탄소 제거 등 미래기술의 상용화
4. 순환경제 확대로 산업의 지속가능성 제고
5. 탄소 흡수 수단 강화

국가온실가스감축목표(NDC, Nationally Determined Contribution)

- 세계 각국은 2021년 파리협정의 본격적 이행을 앞두고 2020년까지 목표를 갱신
- 우리나라는 2015년 6월 NDC를 제출한 후 2030 국가온실가스 감축 수정로드맵
  제정(2017년 온실가스 배출량 대비 2030년까지 24.4% 감축 목표)

바다 - 해양위험, 방사능 오염수와 플라스틱 쓰레기

후쿠시마 방사능 오염수 방류

일본 정부는 2021년 4월 13일, 후쿠시마 제1원전 물탱크에 보관 중인 약 125만 톤의 방사능 오염수를 30년에 걸쳐 방류하겠다고 발표했다. 배출을 준비하는 시간은 약 2년이다. 이로 인해 아시아 태평양 지역에 거주하는 모든 사람들은 해양 방사능 문제에 직면하게 되었다.

가장 크게 피해를 입는 곳은 수산물과 관련한 비즈니스를 하는 기업이다. 당장 수산업계는 큰 영향이 있을 수밖에 없다. 방사능으로 오염된 바다에서 얻은 해산물을 안심하고 먹을 수 있는 사람이 있을까? 게다가 그 음식을 먹고 나서 곧바로 피해를 확인할 수 없기에 이 문제는 아주 오랜 시간 동안 크나큰 위험이 예상된다.

특히 수산물 식품기업들은 이와 관련하여 소비자들로부터 더 투명한

정보 공개를 요구받게 될 것이다. 참치·꽁치 등 수산물 통조림을 제조하는 기업의 경우, 어느 지역에서 개체를 포획했는지 그리고 그 해역이 방사능으로부터 얼마나 안전한지 끊임없이 소비자들을 안심시켜야 할 것이다.

이처럼 기업도 피해자이지만 억울해하기 전에 더 정확하게 현실을 인식해야 한다. ESG 경영 측면에서 정보 공개는 무척이나 중요한 일이기 때문에 제품 생산과 관련된 모든 절차를 세세하게 공개한다는 기본원칙을 세우는 것이 우선이다. 그리고 이 과정에서 드러날 수 있는 문제들을 먼저 제거하거나 회피해 제품안전을 확보해야 한다.

해양 플라스틱 쓰레기

수산업에서 점점 더 크게 작용할 리스크는 또 있다. 바로 해양 플라스틱 쓰레기 문제이다. 지금까지 대중에게 알려진 해양 플라스틱 쓰레기 문제는 개인들이 일상에서 썼던 플라스틱 제품들이 바다 어딘가를 떠다니면서 해양 생물들에게 치명적인 생명위협을 주고 있다는 내용이었다. 하지만 다큐멘터리 〈씨스피라시〉, 영화 〈더 코브 : 슬픈 돌고래의 진실〉 등을 통해 해양 플라스틱 쓰레기의 핵심원인이 조업과정에서 발생하는 그물망 등 어구로 인한 것이 46%가 넘는다는 사실이 밝혀졌다. 우리나라의 경우만 해도 연안과 근해에 허가된 자망 그물의 길이가 지구 4바퀴를 감을 수 있는 양으로 추정되고 있다. 그렇다면 수산물을 어업인으로부터 공급받는 기업뿐만 아니라 어구를 제작하는 기업까지도 그 책임으로부터 완전히 자유로울 수 없게 된다. 더 나아가 수산물을 가공하여 식품을 만드는 기업도 가치사슬 측면에서 ESG 경영을 도입했다고 천명했다면 이에 대한 리스크를 잠재적으로 가지게 된다.

이에 더해 영상을 통해 만난 상업적 조업의 실태는 잔인했다. 더 많은 물고기를 잡기 위해 조업에 방해가 된다는 이유로 돌고래를 무자비하게 죽이는 모습이 드러났다. 또 상어의 경우 샥스핀을 위해 지느러미만 자른 후 다시 바다에 버려졌다. 이런 다큐멘터리를 계기로 생물 다양성에도 문제의식을 가지는 사람들이 늘어났다. 앞으로 수산업을 운영하는 기업은 조업과정에 대한 투명성을 이해관계자들에게 밝히고, 잔인한 조업에 대한 금지를 요구하는 목소리에 대한 대응도 고려해야 한다.

03

동물 - 동물권이 비즈니스 판을 바꾼다

강화된 동물 관련 법률

'모든 동물은 동일하게 생존의 권리, 존중될 권리를 가지며, 어떠한 동물도 학대 또는 잔혹행위의 대상이 되어서는 안 된다.'

1978년 유네스코는 세계동물권리선언을 발표했다. 또 스위스, 독일, 인도, 브라질, 세르비아의 헌법에는 동물보호와 동물권에 관한 내용을 명시하고 있다. 그러나 우리나라는 경제성장 속도에 맞지 않게 동물권에 대한 실질적 변화가 거의 없었다. 지난 2014년 세계동물보호협회(World Animal Protection)가 조사한 동물보호지수에서 우리나라는 D등급을 받았다. 동물보호지수는 입법·정책에서 동물을 보호하고 개선하려는 국가의 노력을 측정하는 지표다.

반려동물 인구가 1,000만 명을 넘어서면서 동물권에 대한 논의가 활발해지고 있다. 이 가운데 2021년 6월, 농림축산식품부는 동물학대 행위에 대한 처벌, 반려동물 등의 안전관리 및 복지 강화를 주요 내용으로 하는 동물보호법과 시행령·시행규칙을 개정했다.

개정된 동물보호법과 시행령·시행규칙

- 동물 학대 행위에 대한 처벌 강화
- 맹견 책임보험 가입 의무화
- 등록대상동물 관리 강화
- 동물실험 윤리성 강화 등
- 농장사육 동물 사육관리기준 강화(돼지, 닭 등 사육환경의 밝기, 공기질 개선 등)

이처럼 규범이 강화되면 관련 업계에서는 기존 관행을 전면 검토하고 변경해야 한다. 이때 당장 지출해야 할 비용이 발생하기 때문에 업계의 반발도 쌓이게 된다. 하지만 이미 소비자들의 동물권에 대한 인식은 상당히 높은 수준에 올라서 있다. 따라서 규범에 대한 소극적 대처는 더 강하게 요구되는 시장과 소비자의 상식에 비추어 볼 때 도태되는 기업으로 전락하는 원인이 된다. 어찌 보면 이를 계기로 삼아 더 앞서나가는 것도 좋은 전략이 될 수 있다.

동물권 강화로 앞서가는 기업들

가축을 사육하는 과정에서 꽤 심한 환경오염을 일으킨다는 사실은 이미 많은 사람이 알고 있다. 현재까지 주로 적용되었던 공장식 축산시스템은 많은 땅과 물이 필요하다. 특히 소를 키우기 위해 산림을 파괴하고, 소가 내뿜는 수십억 톤의 이산화탄소가 방출되어 기후변화를 가속시키고 있다. 이뿐만 아니라 동물을 전기충격으로 기절을 시킨 후 진행한다고 알려진 도축과정에서도 문제가 있었다. 2009년 정부의 조사 결과, 기절했다가 다시 깨어난 동물들이 12.4%나 된다고 알려졌다.

이러한 사실들이 알려지며 동물권에 대한 인식 수준은 기업보다 소비자들에게 훨씬 빠르게 높아졌고, 채식주의자인 비건(Vegan) 인구가 늘고 있다. 또 주로 화장품 유해성분 확인 등을 위해 거치는 동물실험에 반대하는 움직임도 늘고 있다.

이처럼 식품에 한정되었던 비건이 우리의 생활 속 전반으로 확산되면서 동물 유래 성분 배제까지 의미를 포괄하게 되었다. 그래서 동물 유래

| 크루얼티 프리 인증 마크 |

Vegan and Cruelty Free Icons

성분을 배제한 비건 뷰티가 탄생했고, 소비자들의 구매도 확대되고 있다.

이에 따라 선진 기업들은 동물실험을 하지 않는 '크루얼티 프리(Cruelty Free)'를 채택하여 이를 브랜드 아이덴티티로 삼고 있고, 이에 더해 화장품 업계는 '비건 뷰티(Vegan Beauty)'로 한 단계 더 발전을 이루었다.

동물권의 강화는 바로 이런 제품과 서비스의 변화를 더 빠르게 촉구시키는 강력한 개념이다. 이는 생각보다 훨씬 더 넓은 산업에 영향을 끼치는 중요한 요인이 되고 있다. 또 새로운 시장이 형성되는 핵심요인이 되기 때문에 기존에 회사가 가진 제품 라인 속에 동물권을 해치는 요소가 포함되어 있지 않은지 점검해야 한다. 이는 화장품 산업뿐만 아니라 우리가 입고 먹고 바르는 모든 영역에서 소비자들이 동물권을 보장하기를 바라고 더 강한 요구를 기업에 해올 것이기 때문이다.

성인지 감수성

최근 몇 년간 낮은 성인지 감수성으로 인해 리스크를 맞은 기업의 명단을 세어보면 얼마나 많을까? 아직도 직장 내 성희롱과 성폭력 사건이 계속해서 발생하고 있다는 사실은 너무나 안타깝다. 그리고 아이러니하게도 기업에서 이러한 사건이 발생하면 대부분은 피해자가 퇴사하는 경우가 많다. 기업의 성인지 감수성이 낮다 보니 피해자를 보호해 주기보다 그들로 인해 기업이 피해를 보게 되었다는 인식이 더 많기 때문이다.

하지만 세상이 바뀌었다. 이제는 피해자가 퇴사하지 않을뿐더러 이를 이슈화하며 더 강력한 리스크로 이어진다. 피해자들은 과거와 다르게 인권의식이 높고 사회의 구성원으로서 자신의 인권을 지켜주는 기관과 제도 등의 울타리를 잘 알고 있다. 그래서 사건이 발생하면 바로 신고하고 공론화하는 것이 지금 세대의 상식이다.

아직도 기성세대는 내부사건을 신고하는 행위가 조직에 반하는 불순한 행위라고 인식한다. 그런 생각으로 사건을 덮으려 하다 보니 더 큰 리스크를 맞게 되고, 기업 이미지에 치명타가 된다. 이렇게 사내에서 발생한 사건은 불매운동으로까지 이어져 매출 감소와 주가 하락을 초래하는 재무적 손실까지 일으키는 나비효과가 발생한다. 이처럼 성인지 감수성 부족으로 인한 리스크는 결국 비용으로 돌아오게 된다.

일본에서는 직장 내 성희롱으로 소송을 당할 경우를 대비해 '고용 관행 배상책임보험'이 출시되기도 했다. 남성 매니저로부터 장기간 성희롱 피해를 본 여성 직원에게 소송을 당한 한 음식점에 90만엔(약 892만원)의 보험금이 지급되기도 했다.

성인지 감수성 부족으로 인한 문제는 기업 내부에서 일어나는 일뿐만 아니라 마케팅 활동 등을 통해 외부로 공개되며 이미지에 큰 타격을 입는 경우도 잊을 만하면 발생한다. 과거 한 음료 브랜드와 치킨 프랜차이즈 브랜드에서 여성 고객이 남성에게 제품을 사달라고 하는 메시지를 통해 여성을 비주체적인 대상으로 그려 비난을 받았다. 또 여성을 비하하는 언행을 자주 해왔던 개그맨을 여성 화장품 브랜드의 모델로 기용하는 등 기업의 잘못된 성인지 감수성이 그대로 드러난 사례도 있었다.

이는 그만큼 인권에 대한 인식이 부족한 기업이 많다는 의미이고, ESG를 제대로 이해하지 못했기 때문에 발생하는 일들이다. 특히 빠르게 변화하는 MZ세대 고객들의 인식을 따라가지 못한다면 기업은 그만큼 막대한 '리스크 비용'을 지출하게 될 것이다.

02
계층 격차

초프리미엄의 등장과 소득 양극화

최근 들어 가성비를 앞세운 마케팅이 좀처럼 보이지 않는다. 대신 소비자들은 프리미엄을 더 자주 접하고 있고, 이를 넘어 초프리미엄도 등장했다. 소비자들은 나의 삶을 더 가치 있게 만들 수 있는 제품과 서비스를 원하고 있고, 기업은 이에 부응해 프리미엄 시장을 만들어 냈다.

과거 프리미엄 시장의 부흥은 제품 가치 그 자체에 집중하는, 즉 값싼 제품을 사기보다 돈을 조금 더 주고 더 좋은 제품을 사자는 '트레이딩 업(Trading up)'이 특징이었다. 하지만 지금의 프리미엄 시장은 다른 양상이다. 전보다 더 심한 소득 양극화 현상이 나타나고 있는 가운데, 고소득자가 아님에도 불구하고 프리미엄을 추구하는 기현상이 나타나고 있다.

특히 코로나19 시대를 맞아 소득 양극화는 더욱 심해졌다. 우리 국민

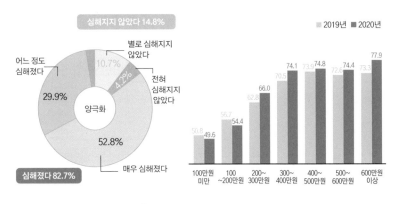

| 코로나 19 이후 양극화 심화 정도 평가 |

심해지지 않았다 14.8%

어느 정도
심해졌다
29.9%

별로 심해지지
않았다
10.7%

전혀
심해지지
않았다
4.2%

양극화

52.8%

매우 심해졌다

심해졌다 82.7%

(자료 : YTN, 박병석 국회의장 비서실)

| 월소득 수준별 긍정적 정서 경험 |

■2019년 ■2020년

	2019년	2020년
100만원 미만	50.8	49.6
100~200만원	55.7	54.4
200~300만원	62.8	66.0
300~400만원	70.5	74.1
400~500만원	73.9	74.8
500~600만원	72.6	74.4
600만원 이상	73.3	77.9

(단위 : %, 자료 : 통계청)

10명 중 8명은 코로나19 이후 소득 양극화 현상이 더 심해졌다고 응답했다.[10] 그리고 이러한 소득 양극화는 체감뿐만이 아니라 실제로도 확인됐다. 통계청은 2019년과 2020년에 소득분위에 따른 긍정적인 정서 경험에 대한 조사를 했다. 월 소득이 600만원 이상 집단은 긍정적인 정서 경험을 했다는 응답이 2019년 73.3%에서 2020년 77.9%로 늘었다. 반면 월 소득 100만원 미만의 집단에서는 같은 기간 50.8%에서 49.6%로 줄어들었다. 소득 수준이 행복을 느끼는 정도에 영향을 끼친 요인 중 하나로 밝혀진 것이다.

코로나19 이후 눈부신 성장을 거듭하고 있는 기업들도 있다. 바로 명품 관련 산업과 수입차 시장이다. 명품 3대장으로 불리는 에르메스, 샤넬, 루이비통은 프랑스 현지 가격보다 우리나라에서 약 20% 정도 가격이 높다. 2020년에 샤넬은 우리나라에서 제품 가격을 28%나 높였다. 이처럼 비쌀수록 오히려 더 잘 팔리는 명품에 대한 소비심리는 계속 강해졌고, 기업은 수시로 뚜렷한 이유 없이 가격을 올리지만 수요는 오히려 증가하고 있다. 수입차의 경우도 마찬가지다. 2020년 수입차 판매실적은 총 27만 4,859대로, 2019년 대비 12.3%나 상승하며 사상 최대치를 기록했다.

이제 소득이 높은 사람들만 프리미엄 제품을 사지는 않는다. 업계 분석에 따르면 명품 소비의 중심에는 MZ세대가 있다. 백화점 명품 구매 고객 중 20대가 10.9%, 30대가 39.8%로 집계되었다. 명품 소비의 절반 이상이 2030세대인 것이다. 전문가들은 이런 현상을 남들과는 다른 우월성을 드러내고자 하는 과시소비로 분석한다. 일명 스놉 효과(Snob Effect)가 빚어낸 '페이크 리치(Fake Rich)'이다.

재난지원금 지급을 위해 조사된 통계청 자료에 따르면 1인 가구를 기준으로 상위 20%가 월 소득 365만원이었다. 이 기준으로 보면 2030세대는 소득이 충분하지 않은데도 '과시소비'를 하고 있었다. 단순한 개인의 소비성향으로 보기에는 프리미엄 소비지표가 정상적으로 보이지 않는다.

과시소비 트렌드와 ESG

이를 ESG 측면에서 살펴보자. 과시소비 트렌드 자체를 두고 소비자가 그러한 성향이 있기 때문이라고 단정 지을 수는 없다. 반면 스놉 효과에 맞추어 계속해서 이유 없이 가격을 올리는 '끌어당김 전략'을 적용한 기업에도 책임이 있을 수 있다.

기업은 프리미엄 제품을 출시하며 그에 대한 수요를 창출하고, 또 고유의 시장을 형성한 그 자체만으로도 큰 성과이자 성공이라고 여길 수 있다. 하지만 사회 전체적인 시각에서 봤을 때, 누군가에게는 박탈감을 느끼게 하는 소외감이라는 마이너스 가치를 제공하기도 한다. 결국 기업이 사회의 계급화 현상을 주도했다고 볼 수 있다. 기업이 판매하지 않으면 소비는 발생하지 않기 때문이다.

환경 측면에서도 부정적인 영향이 있었다. 2017년, 명품기업들이 재고로 남은 상품을 저렴하게 판매하는 대신 소각해 왔다는 사실이 세상에 알려졌다. 상품의 희소성과 고급스러운 브랜드의 프리미엄 이미지를 지키기 위한 전략 때문에 환경파괴에 일조한 것이다.

가격을 천정부지로 올리면서 사회 계층 격차를 주도하는 기업에 대한 비난이, 그럼에도 불구하고 명품을 소비하는 사람이 있기 때문이라는 이유 때문에 책임이 경감될 수는 없다. 이러한 행태가 지속되게 되면 당장은 눈에 보이지 않겠지만 언젠가는 이로 인한 사회적 병폐가 확연히 드러나게 될 시점이 오고야 만다. 그러므로 기업의 입장에서도 타당하지 않은 가격 정책으로 인한 배금주의는 오히려 브랜드 가치를 떨어뜨리는 일임을 인지해야 한다.

---

10. 조사 : 리얼미터, 2021.2.7.~2.8, 전국 만 18세 이상 남녀 1,000명 대상 유무선 무작위 전화, 95% 신뢰수준, 표본오차±3.1%p

공정거래? 공정소비?

전 세계적으로 1인당 1년에 132잔의 커피를 마신다고 한다. 그런데 우리나라는 그 3배에 달하는 353잔을 마시고 있다. 이처럼 유별나게 커피를 많이 소비하다 보니 공정무역 커피에 대해서도 낯설지 않다.

공정무역 커피란 제3세계의 가난한 커피 재배 농가의 커피를 합리적인 가격에 직접 사들이는 커피를 말한다. 이는 다국적 기업과 유통업자들의 폭리로 인해 커피 가격의 단 10% 남짓만이 농부들에게 돌아가는 불공정한 관행을 없애고자 함이다. 그런데 우리는 이 불공정을 없애기 위한 공정소비를 추구하지만, 오히려 그 공정소비가 또 다른 불공정을 불러일으킬 수도 있는 아이러니한 상황에 놓이고 있다. 바로 기업의 공급사슬 속에 숨겨진 비윤리성 때문이다.

세계적으로 지속가능한 생산과 소비를 하자는 공통적인 합의를 이루기 위해 산업계 곳곳에서 변화가 일어나고 있다. 그중 가장 눈에 띄는 곳이 자동차 산업 분야이다. 글로벌 완성차 기업들은 내연기관이 일으키는 대기오염에 대한 책임을 통감하고 더는 매연을 뿜는 차를 생산하지 않겠다고 선언하고 있다.

내연기관 자동차 판매 금지는 유럽의 주요국가들이 앞장서고 있다. 네덜란드와 노르웨이는 2025년부터 내연기관 차량 판매가 금지되며, 영국과 프랑스는 2040년부터이다. 이에 따라 완성차 기업들은 친환경 자동차 개발에 열중하고 있다. 전기차는 이미 대중화되어 곳곳마다 전기차 충전시설을 늘리기 위한 노력이 이어지고 있다. 소비자들 또한 대기오염 배출중단에 동참하고자 전기차를 구매하고 있다. 그런데 친환경 전기차 생산의 이면을 알고도 선의의 마음으로 구매를 할 수 있을까?

인권단체인 국제엠네스티는 2017년 전기차 배터리에 쓰이는 원료 중 하나인 코발트의 생산과정에 대한 보고서를 발표했다. 아프리카 콩고민주공화국은 전 세계 코발트의 절반 이상을 채굴하는 국가이다. 그런데 콩고의 코발트 생산지에서 심각한 아동착취가 벌어지고 있다는 사실이 드러났다.

10살 남짓한 아이들이 맨손으로 광산 주변에서 코발트를 주워 자루에 담는다. 자루가 다 채워지자 아이는 자루를 들고 어디론가 향한다. 자루의 무게를 이기지 못하고 휘청거리면서 걸어가는 아이에게 광산 관리자는 주먹을 휘두른다. 아이는 그렇게 하루 12시간을 일하고, 우리 돈 1,000원을 받는다. 이런 아이들이 콩고에 약 4만 명이 있다. 이렇게 열악한 환경에서 채굴된 코발트가 환경영향을 줄이기 위한 우리의 선의와 노력에 반하는 부정적인 영향을 끼치고 있었다. 앞서 ESG 경영에 대해 설명하면서 '사회와 환경을 균형있게 고려하는 전략'이라고 했는데, 이는 환경성은 지켜졌지만 사회성에서 균형이 무너진 사례이다.

전기차의 선두기업인 테슬라에서 여성 근로자들에 대한 차별과 성희롱이 드러난 일도 있었다. 같은 업무를 하는 남성 직원에 비해 임금 차별이 있었고, 승진에서도 불리했다. 한 직원은 회사를 상대로 차별 구제소송을 진행하던 중 해고되기도 했다.

지구를 구하고자 하는 많은 사람의 선의가 모여 발전하고 있는 전기차 시장 속에서 또 다른 불균형을 알게 된 이상, 우리는 기쁜 마음으로 전기차를 운전할 수는 없을 것이다.

코코넛을 위해 학대받는 원숭이들

마트에서 흔히 찾을 수 있는 코코넛으로 만든 각종 식재료를 보자. 부드러운 코코넛 밀크와 코코넛을 넣은 달콤한 과자, 어쩌면 그것은 원숭이를 학대해 얻은 음식일지도 모른다.

태국의 코코넛 농장에서는 사람이나 기계가 일을 하지 않는다. 바로 줄에 묶여 평생을 강제노동에 시달리는 원숭이가 코코넛을 따고 있다. 이 코코넛은 여러 과정을 거쳐 미국, 영국 등의 대형 마켓에서 판매되는 식재료의 원료가 된다. 이 식재료가 매일같이 사람들의 식탁에 오르도록 하기 위해 원숭이는 매일 약 800~1,600개의 코코넛을 따야 하는 노동에 시달려야 했다. 이 사실은 화물트럭 짐칸에 실려 일하러 가던 원숭이가 케이지에서 탈출하기 위해 소리를 지르며 철창을 흔드는 모습이 동물단체의 고발 영상에 포착되면서 세상에 알려졌다. 원숭이의 강제노동이 이루어지는 농장은 태국뿐만이 아니라 인도네시아, 말레이시아 등에도 존재하는 것으로 드러났다.

이처럼 반인륜적인 환경에서 생산된 제품이 우리가 평상시에 일상적으로 쓰는 물건 중 하나였다는 사실을 알게 된다면 몰랐던 때와 똑같이 소비생활을 할 수 있을까?

기업은 생산하는 제품을 구성하는 모든 과정에서 리스크가 발생할 수 있음을 기억해야 한다. 물론 그 모든 과정을 일일이 알 수 없는 한계가 있다고 생각하는 사람도 많을 것이다. 다만 대기업의 경우라면, 또 ESG 경영을 선포했다면 그 책임 범위가 더 넓을 수밖에 없음을 기억해야 한다. 그래서 ESG 평가기준에는 공급망에 대한 건전성을 확보하는 영역이 포함되어 있다. 만약 다양한 제약으로 인해 공급망 내에서 사회·환경적인 부정적인 영향성을 미처 파악하지 못하였다가 뒤늦게 알게 되었다면 반드시 그로 인한 후속조치를 이해관계자들에게 약속해야 한다.

4장

지배구조
리스크

지배구조의 영역

지배구조 측면에서 발생할 수 있는 리스크를 확인하기 전에 그 영역이 무엇인지 다시 한번 개념을 확인해 보자.

지배구조는 기업에서 어떠한 중대한 결정을 내릴 때 작용하는 의사결정시스템이다. 즉, 어떤 목적으로 회사를 운영할 것인지 방향성을 정하고, 전략을 실행하는 과정에서 지휘·관리·감시하는 프로세스를 말한다.

지배구조를 만드는 하위단위는 크게 이사회, 경영전략, 주주관계, 리스크 관리, 감사 및 감독, 소통과 보고 등 6가지로 구분한다.

기업의 운영방향 설정

지배구조는 대부분 이사회를 중심으로 설명하는데, 이는 이사회가 회사의 모든 결정을 하는 최고의 의사결정기구이기 때문이다. 지배구조의 정의인 '어떤 목적으로 회사를 운영할 것인지 방향성을 정한다'는 말은 한마디로 '경영전략'을 뜻하는데, 여기서 경영전략은 회사의 경영목표와 지배구조의 경쟁력을 강화하고, 회사가 보유한 자산과 자원을 관리하는 영역이다.

그리고 주주관계, 리스크 관리, 감사·감독, 소통·보고 등은 회사를 어떻게 운영할지 정하고 기준으로 삼는 것으로, 그 역할을 하는 것이 바로 지배구조라는 체계이다.

그렇다면 여기에서 우리는 지배구조가 막연히 회사에서 높은 지위를 가지고 있는 사람들의 구성과 그들이 어떤 결정을 하는지를 말하는 것이 아니라 의사결정을 하는 과정에서 그 객관성과 합리성을 확인하고 다양한 채널과 시스템을 통해 피드백을 거쳐 최적의 선택을 향해 도달하는 합리성과 타당성이라는 점을 알 수 있다.

전략 실행의 프로세스

지배구조의 또 다른 정의인 '전략을 실행하는 과정에서 지휘·관리·감시하는 프로세스'라는 의미는 지배구조를 이루는 각 영역이 원활하게 이루어지도록 관리한다는 뜻이다.

그래서 이해관계자들은 기업의 지배구조가 각 영역을 지휘·관리·감시하는 역할을 충분히 포괄하고 있는지 살펴야 한다. 대기업 및 중견기업의 경우, 전사에서 발생할 수 있는 각종 리스크를 정기적으로 모니터링하고 그 결과를 다루는 리스크관리위원회를 설치·운영하게 된다. 이를 통해 기업의 중요한 경영 의사결정에 앞서 단위사업당 리스크를 주기적으로 검토하고 감시해야 한다. 이때 중대한 리스크가 발견되었지만 이것이 리스크관리위원회를 거쳐 이사회로 보고되는 절차가 올바르게 작동하지 않으면 지배구조가 불완전한 기업이라는 평가를 받을 수 있다.

이러한 일은 자금·회계 리스크로 번지게 되어 걷잡을 수 없게 될 가능성도 있다. 이미 몇몇 대기업에서는 부실한 자본구조를 가진 계열사에 부당하게 자금을 지원한 정황이 적발되어 공정거래위원회로부터 검찰 고발을 당한 사례도 있었다. 이렇게 사건이 되어 미디어를 통해 세상에 알려지게 되면 대형 리스크로 번지게 된다.

지배구조 측면에서 따져보면 대기업의 계열사가 자금난을 겪게 된 원인을 분석할 수 있다. 경영전략의 문제였는지, 자금순환의 구조에서 리스크를 발견하지 못한 감시관리 업무의 태만인지 등을 살펴볼 수 있는데, 결론적으로는 지배구조에서 자금을 적절하게 관리할 수 있는 감시체계가 부실했기 때문이다. 이처럼 지배구조의 부실함은 그 어느 리스크보다 치명적인 결과를 가져올 수 있기 때문에 ESG에서 특히 강조되고 있다.

주주참여의 확대

기업은 정치·경제·사회 등 다양한 변수 속에 놓여 있다. 이런 다양한 변수 속에서 최적의 선택을 하기 위해서는 올바른 의사결정 과정과 방법을 채택해야 하는데, 상황마다 다른 해법이 적용되듯이 언제나 정답을 부르는 지배구조를 찾기는 어렵다.

이 과정에서 더 혁신적인 경영방식을 채택하기 위해 노력하는 기업은 많지만, 그 방법을 주주참여에서 찾는 경우는 많지 않다. 하지만 기업의 미래가치를 보고 장기투자를 하는 투자자가 많아질수록 투자자들은 더 많은 정보를 얻기를 원하고, 그들의 목소리가 기업경영에 반영되기를 바란다.

기업에 중대한 변화가 일어날 수 있는 사안이 생기면 공시시스템과 홈페이지 등을 활용하는 것이 일반적이다. 그러나 투자자들은 이러한 일방적인 통보에 아쉬움을 느끼기도 한다. 중대한 상황이 발생하면 임시 주주총회가 열리기도 하지만 소액주주가 실제로 참석하기란 어려운 일이다. 열린 채널이 있다 하더라도 주주들 입장에서 기업경영의 의사결정 과정이 폐쇄적이라고 느끼게 된다면 주주의 권리를 확대하기 위한 회사의 특별한 노력이 있었다고 보기는 어렵다. ESG 경영을 선포한 기업의 경우라면 이 부분을 특히 고려해 보아야 한다.

주주들은 기업이 어떤 기준으로 전문경영인을 고용하는지, M&A 결정을 왜 하게 되었는지 등 경영 의사결정의 과정에 주목하고 있다. 주주총회를 개최하게 되면 이미 거의 답이 나와 있는 문제에 대해 찬반투표를 하게 되므로 실질적으로 주주가 회사 경영에 참여하는 것이라고 볼 수 있냐는 시각도 팽배하다.

이제는 기업의 경영진 마음대로 의사결정을 하는 관례에서 벗어나야 한다. 특히 최근에는 주주총회를 개최하기 전부터 기업·주주 간 활발한 쌍방향 커뮤니케이션을 원하는 이들이 많아지고 있다. 따라서 기업은 주주에게 더 많은 정보를 제공해야 하는 과제가 생겼다.

이에 맞춰 ESG의 본래의 취지, 즉 지배구조가 환경과 사회와 묶여 불리게 된 의미도 다시 한번 생각해 봐야 한다. 사회와 환경적으로 부정적인 영향을 끼친 대부분의 사건들은 결국 기업 지배구조의 책임에서 비롯된다. 최종 의사결정을 한 이사회와 경영진이 회사의 운명을 좌우하는 열쇠를 쥐고 있고, 그에 대해 소액주주가 어떠한 의견을 내어도 묵살되는 기존의 구조는 결국 주가의 폭락, 매출의 급감을 가져오는 원인이 된다. 그러므로 기업은 기존에 행해졌던 모든 관례에서 벗어나 소액주주의 작은 의견이라도 반영하는 자세를 갖추도록 노력해야 한다.

오너 리스크 줄이기

기업의 투명성을 확보하기 위한 지배구조 측면의 노력이 이루어졌다 하더라도 기업 오너의 말 한마디에 그 결정이 손바닥 뒤집듯 바뀌는 경우가 아직도 많다.

이러한 리스크 발생은 오너가 아직도 너무 많은 권한을 가지고 있기 때문이다. 또 공식적으로 오너가 지분을 많이 가지고 있지 않더라도 기업의 오너가 곧 기업의 주인이라는 인식이 바뀌지 않기 때문이기도 하다. 사회적으로 물의를 일으켰던 기업의 사례를 보면 오너 일가가 가진 지분은 실제로 그리 많지 않다. 하지만 이들은 매번 같은 리스크를 일으키고, 대중의 비난이 사그라질 때까지 잠시 자숙의 시간을 거치는 일이 반복되고 있다.

오너 리스크가 발생하지 않도록 하는 최고의 방법은 문제를 일으키는 그들 스스로가 변화하는 것뿐이다. 이를 위해서는 문제의 오너가 올바르지 않은 언행을 하지 않도록 가이드하는 것인데, 사실 이상적인 말일 뿐이다.

몇몇 기업에서는 오너 리스크를 줄이기 위해 우회작전을 펴기도 한다. 매일 아침 회사 뉴스 브리핑에 국내외 오너 리스크가 발생한 사례를 조사하여 타산지석의 사례로 삼을 수 있도록 '윤리뉴스 코너'를 마련하는 경우도 있었다. 또 오너가 임직원을 향해 윤리적 행동을 당부하는 정기서한을 보내도록 하여 말을 내뱉은 사람도 올바르게 행동하도록 하는 작전을 쓰는 기업도 있었다.

이와 반대로 오너 리스크를 줄이기 위한 평상시의 노력이 전혀 없는 기업의 경우는 마치 시한폭탄과 같은 상황을 언제든 맞을 수 있다는 생각을 해야 한다. 아주 어려운 이야기겠지만, 오너 리스크를 통제하기 위한 기업 내부의 노력이 조금이라도 있는 것과 없는 것은 하늘과 땅 차이라는 점을 기억하자.

유형	정의	사례
물리적 리스크	기후변화로 인한 직·간접적 물적 피해 리스크	폭우 등으로 인한 시설·공장 손상
공급망 리스크	제품·서비스가 생산되어 소비자에게 전달되는 과정에서 발생하는 리스크	협력사 직원의 안전사고
평판 리스크	기업 평판이 악화되어 발생하는 리스크	오너의 갑질로 인한 평판 하락
규제 리스크	규제 변화에 적절히 대응하지 못해 발생하는 리스크	제정·개정된 리스크 미준수로 인한 제재, 벌금 등
소송 리스크	소송 발생으로 인해 부담하게 되는 직·간접적 비용 리스크	공사 소음 등으로 인한 지역사회와의 분쟁
이행 리스크	기후변화에 대응하기 위해 저탄소 경제로 이행하는 과정에서 발생하는 리스크	정부의 탄소배출 억제 정책 시행으로 화석연료 관련 자산가치 하락
인적자본 리스크	인적자본과 관련된 리스크	높은 이직률 등

(출처 : Running the risk (CERES, 2019))

Environment

Part 5

우리만의 ESG는 어떤 모습이어야 할까?

Society

Governance

1장

ESG에 대한 움직임, 국가가 주도하다

세계의 뉴딜정책과 한국판 뉴딜정책

세계의 뉴딜정책

2019년 유럽을 중심으로 그린뉴딜 정책이 발표되었다. 그 궁극적인 목표는 2050년까지 전 세계 최초의 탄소중립 대륙을 만들고자 하는 것이다. 그린뉴딜은 환경·사회가 중심이 되는 지속가능한 발전을 위한 저탄소 경제구조를 만드는 정책으로, 환경투자로 경기부양은 물론 고용촉진까지 도모하겠다는 것이다.

EU는 2019년까지 온실가스 배출량을 1990년 대비 24% 감축하는 데 성공했다. 이후 1990년 대비 2030년까지 온실가스를 40% 감축하는 목표를 세웠다. 그리고 2021년 4월, 그 목표를 더욱 상향하여 1990년 대비 2030년까지 최소 55% 감축으로 결정했다. 최종적으로는 2050년까지 탄소 순배출량을 '0'(zero)으로 감축할 계획이라고 밝혔다.

	R&D와 혁신활동 지원
EU 2030/2050 기후목표 상향조정	독성없는 환경을 위한 ZERO-배출 목표
깨끗하고 저렴하고 안전한 에너지 공급	생태다양성 보전과 보호
산업부문의 친환경 순환	공정하고 건강하며 친환경적인 먹거리 시스템
에너지 효율적인 건물	지속가능한 지능형 모빌리티
전환활동에 대한 금융자원	포용적 전환(공정한 전환)

그린 뉴딜

이 목표를 아우르는 거대한 방향은 기존 국가시스템의 변화를 통한 저탄소 경제구조의 구축이다. 이는 단순히 환경보호를 위한 활동 강화가 아니라 경제와 산업 시스템 자체를 변화하기 위한 정책이다.

그린뉴딜 정책에서 강조하는 핵심 중 하나는 '공정전환'이다. 공정전환은 탄소중립을 위한 목표달성 과정에서 모든 사람에게 어떠한 방식으로든 영향이 예상되지만, 그 변화에서 누구도 낙오되지 않아야 한다는 것을 의미한다. 그래서 EU의 그린뉴딜 정책은 고용구조에서 상당한 변화가 예상된다. 산업구조의 변화로 인해 일자리가 줄어드는 영역이 발생하는데, 그들이 새로운 일자리를 찾을 수 있도록 교육 등의 지원을 통해 낙오가 발생하지 않도록 유도한다는 것이다. EU는 이 과정에서 향후 10년 동안 1조유로(약 1,405조원) 규모를 투자할 계획이다.

또 다른 특징으로 EU는 기후변화로 인해 우리와 미래 세대가 치러야 할 대가가 아주 크다는 점을 강조한다. 특히 G20 국가에게 기후변화 대응에 동참할 것을 촉구하고 있다. 이런 요구에 반응하듯 미국, 중국, 일본 등 우리의 주요 무역 대상 국가들도 속속 그린뉴딜 정책을 발표하고 있다. 이들 모두 장기적인 국가 경제 대전환을 준비하고 있는 것이다.

미국에서는 바이든 체제가 시작된 후, 첫 행정명령으로 파리기후변화협약 재가입을 진행했다. 그리고 2050년까지 청정에너지 경제구축과 탄소 순배출량 제로를 목표로 한다는 환경정책을 발표했다. 이어서 2035년까지 그린뉴딜 정책에 1.7조달러를 투자하겠다는 계획과 친환경자동차, 재생에너지, 스마트시티 및 그린시티를 위한 정책 방향도 공개했다.

또 미국은 2021년 4월 기후정상회의(Leaders Summit on Climate)에서 탄소배출 감축목표를 상향조정했다. 오바마 정부에서는 탄소배출을 2005년 대비 2025년까지 26~28%를 감축하겠다고 발표했는데, 바이든 정부에서는 2005년 대비 2030년까지 탄소배출을 50~52% 감축으로 새 목표를 설정했다.

이외 많은 국가가 파리협약을 위한 탄소배출 절감과 함께 각자의 그린뉴딜 정책을 발표했다. 우리 이웃인 중국과 일본의 정책도 살펴보자.

중국 : 新 인프라 정책	일본 : 녹색성장전략 수립
- 목표 : 2060년까지 탄소중립 달성 - 중점 추진분야 : 친환경자동차, 재생에너지, 도시재생, 스마트시티	- 경기 침체, 고령화 등을 극복하기 위한 성장정책 - 중점 추진분야 : 친환경자동차, 재생에너지, 건물에너지 효율화

한국판 뉴딜정책

2020년 7월, 우리나라도 국가적 대변혁을 위한 '한국판 뉴딜정책'을 발표했다. 한국판 뉴딜도 파리기후협약에 서명한 한 국가로서 그 약속을 이행하기 위한 구체적 계획 중 하나이다. 특히 코로나19로 인해 닥쳐온 경제위기와 기후변화를 함께 극복하고 선진국가로 도약하기 위한 '대한민국 대전환선언'이다. 먼저, 한국판 뉴딜의 핵심구조를 살펴보자.

한국판 뉴딜은 크게 디지털뉴딜과 그린뉴딜, 그리고 안전망 강화로 구성되어 있다.

디지털뉴딜은 데이터 기반, AI, 5G, 자율주행, 원격의료, 재난예방을 중심으로 한다. 그린뉴딜은 건물, 국토, 도시, 에너지, 교통, 산업단지 영역에서 저탄소 및 고효율 에너지를 추구한다. 또 안전망 강화는 코로나19로 인해 많은 사람이 실업을 겪고 있고, 복지 사각지대가 발생한 현상

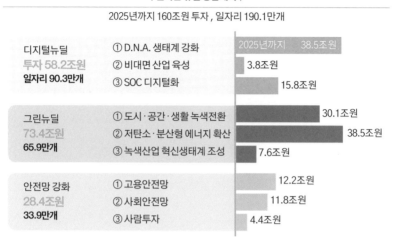

| 한국판 뉴딜 종합계획 |

2025년까지 160조원 투자, 일자리 190.1만개

디지털뉴딜
투자 58.2조원
일자리 90.3만개
- ① D.N.A. 생태계 강화 — 2025년까지 38.5조원
- ② 비대면 산업 육성 — 3.8조원
- ③ SOC 디지털화 — 15.8조원

그린뉴딜
73.4조원
65.9만개
- ① 도시·공간·생활 녹색전환 — 30.1조원
- ② 저탄소·분산형 에너지 확산 — 38.5조원
- ③ 녹색산업 혁신생태계 조성 — 7.6조원

안전망 강화
28.4조원
33.9만개
- ① 고용안전망 — 12.2조원
- ② 사회안전망 — 11.8조원
- ③ 사람투자 — 4.4조원

을 극복하고 포용사회를 추구한다.

이러한 취지를 보면 한국판 뉴딜정책에는 ESG의 원리가 작용하고 있다는 것을 금방 눈치챌 수 있다.

ESG 경영은 궁극적으로 사회(S) 측면에서는 기업이 이익을 독식하는 과거 개념에서 경제가치를 공유할 방법을 찾는다. 기업이 직접적인 고용이 아닐지라도 일자리를 창출할 수 있는 인프라를 제공하는 등 경제가치의 공유화를 추구한다. 환경(E) 측면에서는 부정적 영향을 최소화하고 오염 및 파괴된 환경을 복구하는 노력을 기울이고자 한다.

이런 측면에서 볼 때 한국판 뉴딜은 ESG를 바탕으로 기획되었다고 해도 과언이 아니다. 물론 한국판 뉴딜뿐만 아니라 앞서 소개한 국가들의 뉴딜정책 모두가 동일한 성격이다. 그래서 ESG는 코로나19 이후 닥

친 경제상황을 타계하는 패러다임으로 전 세계의 주목을 받게 되었으며,
그 결과가 각국의 정책으로 나타나고 있다.

중소기업의 ESG 인식 강화

대기업 위주의 자발적인 ESG 경영 도입은 개별기업의 역량 향상을 이끌어왔다. 실제로 ESG 경영 도입을 통해 글로벌 시장에서 이미 그 위력을 실감한 대기업의 사례는 많다. 그리고 이것이 가능한 이유는 대기업이 가지고 있는 양질의 인력 때문이다.

하지만 이제 ESG가 중소기업에도 현실적인 문제로 다가온 만큼 이에 대한 지원책이 더 확대되어야 한다는 목소리가 높아지고 있다. 이와 관련해 관계부처는 이미 2008년부터 중소기업의 CSR 실력 향상을 위한 지원사업을 운영해 왔는데, 중소기업들은 CSR로 인한 매출 향상에 대해 회의적인 시각을 보이며 자발적 참여가 부족한 실정이었다.

2016년 정부는 사회적 책임경영 중소기업 육성 기본계획(2017~ 2021)을 발표하며, 사회적 책임 생태계 조성을 통한 지속가능형 중소기업을 확산하기 위해 산업부·고용부 등 6개 합동부처와 지자체가 함께 목표달성을 할 수 있도록 지원체계를 구축했다. 그러나 아무리 정부가 중소기업 ESG 경영을 위한 지원 시스템을 갖췄다 하더라도 중소기업이 ESG 경영에 대한 인식과 필요성이 먼저 확립되지 않으면 성과를 내기는 어렵다. 업무를 담당할 인력의 부족도 주요 원인이긴 하지만, 결정적으로는 최고경영자가 ESG에 대한 필요성을 느끼지 못하기 때문이다. 특히 수출을 준비하고 있는 중소기업이라면 이것이 실질적인 문제임을 미리 인식하게 하는 방법이 필요하다.

앞서 보았던 것처럼 ESG는 글로벌 기업에서 각 국가의 대기업으로, 대기업에서 중소기업으로 확산되는 구조를 보이고 있다. 따라서 이것이 어느 날 갑자기 중소기업에 현실적인 문제로 다가온다면 중소기업은 막상 닥쳤을 때 무엇부터 해야 할지 몰라 허둥댈 수밖에 없다. 그렇다면 정부는 다른 어떤 지원보다 중소기업의 경영층을 대상으로 한 인식개선 교육이 우선적으로 강화되어야 한다는 점을 기억해야 한다.

01

ESG 국가, 이제는 필수다

선진국들은 기업마다 ESG를 도입하고 나아가 국가의 체질 변화를 위한 계획을 실행하는 중이다. 또 각각의 국가는 앞으로의 산업조건에 맞는 정책을 기획하고, 이를 조직마다 깊게 뿌리내릴 수 있도록 구체적인 실행계획을 도출하고 있다.

그렇다면 왜 국가 차원에서 기업의 ESG 실력을 향상하는 일이 필요할까? 바로 코로나19 이후의 '위드 코로나(with corona)' 시대가 시작되었기 때문이다. 많은 전문가들은 코로나19 이전의 시대는 다시 오지 않을 거라고 말한다. 그러나 아직까지 많은 사람들은 전문가의 의견에 실감하지 못하고 있다. 또 전 세계의 기후변화 위험이 코앞으로 다가온 지금, 앞으로 우리는 이전과 같은 경제환경, 생활수준을 영위하지 못할 가능성이 크다는 전망도 속속 나오고 있다. 이에 따라 전 세계의 자본시장이 먼저 ESG 중심으로 변화하고 있고, 글로벌 기업들도 비즈니스 조건이 달라짐을 받아들이며 변화를 시도하고 있다.

앞에서 살펴본 바와 같이, 세계 각국은 글로벌 시장 질서의 거대한 변화에 대응하기 위한 대변환 정책과 실행 준비에 분주하다. 새롭게 개편되는 세계 거래조건에서 이미 시작된 ESG 기반 거래환경을 구축하지 못하면 서서히 국가적 수출 경쟁력도 뒤쳐질 수밖에 없다. 우리 스스로 ESG 실력을 갖추지 못한다면 계속해서 ESG에 대해 수동적인 입장에서 방어적 대응만을 하게 될 것이다. 그러한 자세보다 우리나라만의 전문가 육성과 교육 프로그램을 통해 주도적으로 경영 패러다임을 변화시킬 수 있도록 한다면 하나의 산업을 넘어 전 국가 차원에서 ESG 기반의 실력을 향상할 힘이 만들어지게 된다.

전 세계적으로 국가 주도의 ESG 실력 향상을 위한 경쟁은 이미 시작되었다. 이제 우리나라도 본격적인 ESG 내실을 마련해야만 한다. 이를 위해서는 ESG 전반을 아우를 수 있는 컨트롤 타워가 필요한 시점이다. 산업통상자원부 K-ESG 지수뿐만 아니라 국가적 차원에서 ESG 실력 향상을 위한 전략과 실행을 고민해야 할 때이다.

한국형 ESG 추진 체계 아이디어

우리나라는 모든 기업이 규모를 떠나 ESG 경영역량을 갖출 수 있도록 국가 차원에서 노력을 기울여야 한다. 나아가 모든 산업계가 동참할 수 있도록 '한국형 ESG 경영체계'를 구축하고 추진해 나가야 한다.

산업통상자원부가 개발한 한국형 ESG 지표가 통합적인 제도와 기획을 통해 운영되고, 이를 뒷받침해 줄 수 있는 법이 필요하다. 또 기업마다 ESG 경영을 잘할 수 있도록 가이드라인과 업무해설이 제정되어야 하고, ESG에 대한 인식 확산이 더 널리 퍼지도록 해야 한다.

대기업을 중심으로 이루어졌던 사회적 책임경영 수준에 대해 중견기업과 중소기업에서도 그 현황을 확인할 수 있는 시스템 또한 필요하다. 대기업은 인센티브를 제공하는 방식으로 공급사슬을 통해 중견·중소기업에게 ESG 전파를, 중견기업은 자체적인 역량 확보를 위한 컨설팅과

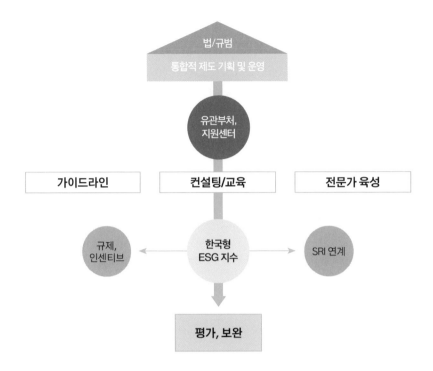

교육·평가 그리고 보완작업이 필요하다. 중소기업의 경우는 기업의 규모를 고려하여 수출 직접성 여부에 따라 직접적이고 즉각적인 ESG 대응 실무역량을 키울 수 있도록 지원을 해주어야 한다.

이러한 ESG 역량 향상을 위한 체계적이고 연속적인 활동을 이어나가기 위해서는 통합적 제도 기획과 운영이 요구된다. 그리고 모든 기업을 대상으로 ESG 경영 추진과 관련된 포괄적인 법 체계 마련이 우선과제이다.

과거 강한 법적 구속력을 갖는 경성법(Hard law) 성격으로 ESG를 법제화하려 했던 노력은 많은 기업들의 반발을 샀다. 따라서 현실적으로는 먼저 법적 구속력은 없으나 기준과 원칙을 제시하는 성격인 연성법(Soft law) 측면에서 인센티브를 부여하는 전략을 시도해 보아야 한다. 윤리규범 개념으로 국가 차원의 ESG 경영을 위한 모범기준을 마련해 보는 방안도 있다. 또 산업통상자원부, 환경부 등 관련 부처가 공동협의체를 구성한 입법도 고려해 볼 수 있다.

이를 통해 실효성 있는 국가적 지원을 통한 ESG 경영 관련 로드맵이 완성될 수 있다. 해외 ESG 평가와 인증에 의존하는 현재를 넘어 국내 전문가 육성을 통한 ESG 수준 고도화를 우리 손으로 이끌고, 다양한 글로벌 비즈니스 환경에 유연하게 대처할 수 있는 역량을 확보하는 기업이 더 많아질 필요가 있다.

한국의 ESG 주요 체계도

법률

- 저탄소녹색성장법
- 지속가능발전법
- 산업발전법
- 중소기업기본법
- 중소기업진흥법
- 조달사업법
- 국민연금법

⋮

제도

협력사
동반성장지수 (공정위, 동반위)

임직원
가족친화기업 인증제도 (여가부)

투자자
국민연금 및 KRX-ESG 평가

고객
소비자중심경영 인증제도 (공정위)

지역사회
사회공헌 인정제(보건복지부)

+

제도
- 신용평가
- 사업공시

현황조사
지속가능경영 실태조사
KoBEX SM (산통부)

➡ ※ **지속가능경영 인증제도 無**

⬇ (연계)

인센티브
사랑받는 기업
정부 포상 (산통부 주최)

대한민국의 대변혁, 신호탄이 떨어지다

'변화를 가장 먼저 깨닫는 자가 승리한다.'

이 말은 시장에서 언제나 통용되었던 진리입니다. 그러나 ESG 경영은 점점 뜨거워지는 물에 있다가 서서히 익어 죽는 개구리와 같은 존재로 인식되고 있었습니다. 조금씩 변화가 일어나고 있는 환경에서 ESG를 불필요한 비용으로 여기다 어느 순간 나만 빼고 모두가 변해 있었던 것을 깨닫는 상황과 비슷합니다.

어느덧 금융·기업 간 거래, 공공부문 등 많은 영역에서 ESG를 기준으로 조직의 패러다임이 변하고 있습니다. ESG 경영을 신경쓰지 않아도 된다고 생각하던 시기는 이미 지났고, 코로나19로 인해 ESG가 더 필요하게 되었음을 매일 깨닫는 요즘입니다.

그러나 아직도 많은 조직이 이전과 같이 조금만 버티면 그냥 넘어갈 수 있다고 생각하고 있습니다. 그런데 이 현상이 지나가기를 바라기에는 너무 많은 움직임이 있습니다.

우선 우리 생활 속에서도 ESG를 말하는 일이 잦아지고 있습니다. 기업경영을 넘어 생활 전반에도 사회·환경 영향성에 대해 그 중요성을 이야기하는 사람들이 많아졌습니다.

제게 ESG 강의를 요청하시는 분들 중 가장 인상 깊었던 곳은 어느 지역의 주민들이었습니다. 마을 운영에 있어서 ESG가 중요하다는 것을 이미 인지하고 있었고, 그것을 더 구체화하고 싶다는 의뢰였습니다. 강의료가 얼마 되지 않는다는 다소 미안한 그들의 목소리가 무색하게 저는 기쁘게 그곳으로 뛰어가 신나게 강의를 펼쳤습니다. 이렇게 이미 대한민국 곳곳에는 사회·환경적 가치에 대한 중요성을 깨달은 사람들이 빠르게 늘어나고 있습니다.

기업은 시장환경을 분석하고 사업전략을 짠다는 기본적인 원리에 따라 움직입니다. 이런 전통적인 원리는 대부분의 기업이 새로운 패러다임을 제품이나 서비스에 녹여내어 고객에게 제시하는 형태였습니다. 그런데 이상하게도 ESG라는 경영 패러다임은 기업보다 고객이 먼저 변화하는 특징이 확연하게 나타나고 있습니다.

많은 고객들이 이렇게 사회·환경적 가치를 추구하는데, 기업이 경영전략을 바꾸지 않으면 어떤 일이 벌어질까요? 고객분석부터 잘못된 방향으로 가게 되어 결국 고객과의 이별을 맞이하게 될 뿐입니다.

모든 영역에서 변화는 느리더라도 언제나 승리를 쟁취해 왔습니다. 기업의 경영 패러다임도 마찬가지로 오랜 시간이 걸리더라도 결국 바뀌어 왔습니다. 그 가운데 발생했던 수많은 기업의 실패 사례는 가장 느리게 변화를 인지한 사람들이 만든 결과였습니다. 그래서 기업은 고객이 먼저 변화하고 있는 지금의 이상징후를 절대 놓치지 말아야 합니다.

개인의 삶과 가치관 측면에서도 사회·환경적 가치를 추구하는 움직임은 활발해지고 있습니다. 만약 독자 여러분께 '지난 몇 년간 추구해 왔던 가치관에 어떠한 변화가 있었습니까?'라고 질문드리면 '전혀 변하지 않았다'는 대답이 나오지는 않을 것입니다. 세상이 바뀐 만큼 나도 변하는 것이 당연하기 때문입니다. 우리는 아무리 각박한 세상에 살고 있다 하더라도 사회와 환경을 생각하는 'ESG 가치추구형 개인'으로 발전해 왔습니다. 이는 다양한 기업에 요구해 온 '이해관계자'로서 역할을 다했기 때문이고, 그것을 기업이 받아들였기에 가능했습니다.

이제, 그 변화를 더욱 더 적극적으로 기업과 세상을 향해서도 요구하시기 바랍니다. 그리고 세상의 변화를 주도하는 사회·환경적 가치를 추구하는 '핵심 이해관계자'가 되어 보시기 바랍니다.

참 | 고 | 문 | 헌

국제표준

- GRI STANDARD
- ISO26000
- OECD 다국적기업 가이드라인
- UNGC
- 세계인권선언
- 적도원칙

기관자료

- 한국거래소, 〈ESG 정보공개 가이던스〉
- 한국기업지배구조원, 〈사회 모범규준(안)〉
- 한국기업지배구조원, 〈지배구조 모범규준(안)〉
- 한국기업지배구조원, 〈환경 모범규준(안)〉

단행본

- Post, James E., Preston, Lee E., Sauter-Sachs, Sybille, 《Redefining the Corporation Stakeholder Management and Organizational Wealth》, Stanford University Press, 2002

- 박흥수, 이장우, 오명열, 유창조, 전병준,《경영학회가 제안하는 공유가치창출 전략》, 박영사, 2014
- 배리 슈워츠,《선택의 심리학》, 웅진지식하우스, 2005
- 호리 기미토시,《퍼실리테이션 테크닉 65》, 비즈니스맵, 2014
- 후지이 다케시,《CSV 이노베이션》, 한언, 2016

기사
- 한겨레,〈도축 직전의 소·돼지 '제발 기절하게 해주세요'〉, 2012.02.10
- 인사이트코리아,〈한국 CEO 가장 큰 문제는 '도덕성·준법의식 결여'〉, 2017.09.29
- SBS,〈12시간 노동에 천원 ··· 친환경 전기차에 가려진 아동 착취〉, 2018.05.02
- 한국경제,〈조양호 회장, 대한항공 소액주주가 끌어내렸다〉, 2019.03.27
- 노컷뉴스,〈미세플라스틱, 인체에 어떤 영향을 미칠까?〉, 2019.06.05
- 연합뉴스,〈'성희롱·상사 괴롭힘에 기업 망한다'…日서 '괴롭힘보험' 인기〉, 2019.09.25
- 한국경제연구원,〈11개 경제부처 소관 경제법률 형벌 조항 전수 조사 결과〉, 2019.11.13
- 머니투데이,〈래리 핑크 블랙록 회장, '석탄 회사서 돈 뺀다'〉, 2020.1.15.
- 경기신문,〈[사설] 중금속 폐수 무단방류업체 엄단하라〉, 2020.05.06.
- 비즈한국,〈감사원, 장점마을 주민 암 발생 '깃털' 감사 후폭풍 점입가경〉, 2020.09.24
- 뉴시스,〈코로나 '집콕'에 택배 30% 폭증 ··· 재활용 폐기물은 산더미〉, 2020.12.11
- 이데일리,〈삼성전자 동학개미는 누구일까? ··· 'MZ세대 수도권 女'〉, 2021.03.12.
- 연합뉴스,〈한국경제, 코로나 국면서 세계 10위 탈환 ··· 첫 9위도 가능?〉,

2021.03.15

– 한겨레, 〈일본 '후쿠시마 오염수 방류' 공식 결정 … 국제사회 우려 무시〉,
2021.04.13.

– 조선비즈, 〈미래 비즈니스 바꾸는 新인류 'MZ세대'〉, 2021.05.31

– KBS NEWS, 〈KBS 세대인식 집중조사〉, 2021.06.22~24

– KBS, 〈코코넛을 따는 원숭이, '사람이 시켰어요'〉, 2020.07.07

– 블로터, 〈혁신기업 테슬라도 '여성차별 · 아동노동' 침묵〉, 2020.09.23

– 솔라투데이, 〈본격적인 국내 기업 RE100 참여 활성화되나 'REC 거래시장 개장'〉,
2021.08.02

– 이데일리, 〈진통 끝에 기후변화 협약 타결 … '지금부터가 시작이다'〉, 2021.11.14

보고서

– LG경제연구원, 〈프리미엄 제품으로 승부하라〉, 2004

– 한국기업지배구조원, 〈국내 기업의 사회공헌활동 현황과 시사점〉, 2010

– 산업연구원, 〈기업의 사회적 책임 이슈와 대응 방안〉, 2011

– 국민권익위원회, 〈산업별 기업 윤리경영 모델〉, 2012

– UNEP, 〈통합 거버넌스(A NEW MODEL OF GOVERNANCE FOR
SUSTAINABILITY)〉, 2014

– PWC, 〈Investors, Corporates and Bridging the Gap〉, 2016

– 국회 가습기살균제 사고 진상규명과 피해구제 및 재발방지 대책 마련을 위한 국정
조사특별위원회, 〈가습기살균제 사고 진상규명과 피해구제 및 재발방지 대책 마련
을 위한 국정조사 결과보고서〉, 2016

– 한국기업지배구조원, 〈ESG 공시 강화에 대한 제언〉, 2017

- 한국보건사회연구원, 〈한국인의 행복과 삶의 질에 관한 종합 연구 - 국제 비교 질적 연구를 중심으로〉, 2019
- 산업통상자원부 산업정책과, 〈지속가능경영 확산 대책〉, 2020
- 보험연구원, 〈기업의 보험수요에 대한 연구〉, 2020
- 한국기업지배구조원, 〈ESG 성과별 영업실적 및 주가 하락 위험〉, 2020
- KB지식비타민, 〈제조업을 흔들 탈탄소 패러다임 RE100과 탄소국경세〉, 2021
- 금융위원회, 〈ESG 국제동향 및 국내 시사점〉, 2021
- 한국무역협회, 〈EU의 ESG 관련 입법 동향과 시사점〉, 2021
- 한국은행, 〈주요국 기후변화 대응 정책이 우리 수출에 미치는 영향, 탄소국경세를 중심으로〉, 2021
- 코트라, 〈주요국 그린뉴딜 정책의 내용과 시사점〉, 2021

홈페이지
- 공정거래위원회 홈페이지 중 공정거래협약
- 국민연금기금운영본부 홈페이지 중 수탁자책임원칙
- 대한상공회의소 ESG 플랫폼 으쓱 홈페이지
- 동반성장위원회 홈페이지 중 동반성장지수 산정/공표
- 매일유업 홈페이지
- 스웨덴 마츠마트 홈페이지
- 에너지정보 소통센터
- 지속가능발전포털 홈페이지
- WAP(World Animal Protection, 국제동물보호단체) 홈페이지

법률

- 국민연금법
- 동물보호법
- 대·중소기업 상생협력 촉진에 관한 법률
- 저탄소녹색성장기본법
- 조달사업법
- 중소기업기본법
- 중소기업진흥법
- 지속가능발전법

논문

- 윤현덕, 성종수, 서리빈, 〈공급망경영(SCM) 내 사회적 책임이 중소기업 사회적 책임 이행의지에 미치는 영향〉, 2012
- 이돈희, 〈CSR 이행의지와 지속가능 SCM 촉진활동이 지속가능 SCM 성과에 미치는 영향〉, 2015
- 문상일, 〈이사회 구성 다양성 제고에 따른 기업지배구조 개선효과 분석연구〉, 2018
- 장윤제, 〈기업지배구조 모범규준에 관한 연구〉, 2019

전 직원이 함께하는 ESG 실무 교과서
지금 당장 ESG

초판 1쇄 발행   2022년 1월 10일
3쇄 발행   2023년 5월 20일

지은이   신지영
펴낸이   백광옥
펴낸곳   (주)천그루숲
등 록   2016년 8월 24일 제2016-000049호

주 소   (06990) 서울시 동작구 동작대로29길 119
전 화   0507-1418-0784   **팩 스**   050-4022-0784   **카카오톡**   천그루숲
이메일   ilove784@gmail.com

기 획 / 마케팅   백지수
인 쇄   예림인쇄   **제 책**   예림바인딩

ISBN 979-11-88348-97-8 (13320) 종이책
ISBN 979-11-88348-98-5 (15320) 전자책